社会人になる前に読んでおきたい！

ビジネス
コミュニケーション

姜　益俊・松尾正弘

はじめに

昼休みが終わる頃、一人の学生がドアをノックして私のオフィスに入ってきました。以前、私の授業を受講した学生で、「相談事があるので、お邪魔します！」と言われていたのです。

その男子学生は学部3年生で、就職活動をしていると切り出しながら、悩みを話してくれました。要するに人とのコミュニケーションが苦手で、就職活動中に周りの学生から刺激を受ける反面、自信をなくすこともしばしばあるとのことでした。最近の学生は、就職活動で多くの企業にエントリーシート（志望書、申込書）を出す傾向にあるそうです。そうなると、当然ながら、面接の機会も多くなり、人との会話を苦手とする学生にとっては、とても緊張する、難しいシチュエーションに直面すると想像できます。おそらく、緊張して汗がだらだら出て、何を言っているか自分でもよくわからなくなり、あっと言う間に時間が過ぎてしまうのでしょう。私も大学院時代に、就職活動で面接を数回受けました。コミュニケーションには自信があるほうでしたが、緊張しっぱなしで、面接の直前は食欲もなく、水も飲みたくないほど心拍数が高かったと、十数年前の出来事にもかかわらず鮮明に覚えています。家族や親しい友人との話は誰でも気さくにできるものです。しかし、赤の他人との会話や仕事でのコミュニケーションとなると、ストレスを感じることはよくあるでしょうし、ごく自然なことかもしれません。

しかし、その学生の悩みは、就職活動を通じて感じるストレスや将来への不安もあるでしょうが、根本的な問題はコミュニケーションにありました。人と何を話していいのか、どのようにしゃべっていいのかわからないということから、会話を楽しめないというコミュニケーション全般の問題を抱えていました。たしかに、もし就職活動がうまくいき、いい会社に入社できたとしても、この男子学生のコミュニケーション能力では、会社という組織の中で問題なく仕事をこなしていけるかどうか心配でした。しかし、彼にとっては、まず就職活動に成功し、翌春から働ける場を得ることが最も大切なことだったので、私は面接でのコツ、自分の意見をどのように述べるべきか、話し方などのアドバイスをしておきました。成績優秀で真面目な彼は、その後、東京のある会社の内定をもらい、社会人としての一歩を踏み出すことになりました。彼にとって本当の正念場は入社してからです。会社の中で人とよく話し合って、仕事を頑張ってほしいと願っています。

もうひとつ、学生から相談をうけた例を挙げてみます。
大学院に在学中の修士課程の男子学生で、博士課程への進学を諦めて就職するか、他大学の大学院に進学するかを悩んでいると言うのです。私が、なぜ今の大学で進学を考えないのかと尋ねると、研究室での人間関係に問題があると答えました。1年ほど前、ある出来事がきっかけで、同じ研究室で勉強している修士課程の学生と仲が悪くなり、まったく会話がなく、互いに無視しあう状況だというのです。

これは解決が非常に難しいケースです。人間関係は、一度大きな歪みが生じると、よほどのきっかけがない限り、元の関係に戻ることはありません。特に、研究室という狭い人間関係の中では、毎日、顔を合わせ、勉強会や研究室の行事などさまざまなことに協力していかないといけない状況が多ければ多いほど、人間の本能として、その人との関係を断ち切ろうと逃げ出すか、無視しようと避け始めることになります。こういう環境では、勉強も研究も成果が上がりづらく、本人同士の精神や健康の面でも悪影響が続きます。結局は、どちらかが環境を変える選択をする場合が多々あると思います。すべての例を挙げることはできませんが、私に相談にくる学生との会話や、他の教員との情報交換でわかったことは、多くの大学生が人間関係に何らかの悩みをもっているということです。そして、こうした例は大学生に限ったことではなく、会社やその他の組織でも多く存在します。

私は大学の教員として勤務する前は、福岡の民間企業で働いていました。民間企業での数年間で感じたのは、会社という組織の中で起きる問題の大半は、人との会話、つまりコミュニケーションによるトラブルだということです。

例えば、営業の人は開発の人の話がわからず、開発の人は経理の人と話し合いができないという、仕事の領域からくる問題が挙げられます。同じ部署、つまり仕事の内容が近い人とは話ができても、仕事の内容や専門分野、または仕事の方向性が異なると、内容を理解しようとも、話を聞いてみようともしない場合です。それから、最もよくある例としては、同じ部署の中でも人の気持ちがくみとれない、俗に言う「空気が読めない人」がかなりいました。また、同じ内容の話でも、伝え方に何か癖があったり、聞き取り方に独特な解釈を入れたりする人が多くいることも感じました。そのため、組織として目標をもって仕事を進めようとしているのに、会話がうまくできないために連携がとれず、仕事の進行に支障が生じてしまうのです。すばらしい専門知識や能力をもっているにもかかわらず、「あの人は自分の言うことを認めてくれない」「何を言っているのかわからない」など、コミュニケーションが原因で仕事どころでなくなり、成果まで結びつかなくなることが多々ありました。

本書でお話しする社会とは、主に複数の人間が働く職場や組織のことです。なぜ、そこでコミュニケーション能力が重要か、みなさんはゆっくり考えてみたことありますか？　なんとなくコミュニケーション能力が大事だと認識していると思いますが、これから会社や研究所など、さまざまな分野において仕事をすることになる人は、その能力がどれだけ大切か、よく考えてほしいと思います。私は、少なくとも人との関係をもって仕事を進めていく組織、会社に属している立場であれば、コミュニケーション能力がその人の仕事を遂行する能力も、達成できる能力も、新しい仕事を生み出す能力までも、決定してしまうと確信しています。つまり、教育機関で勉強を終え、組織の中で仕事をする人にとって、最も必要な能力なのです。では、なぜ、そこまで言い切れるのでしょうか。理由は2つあります。

例えば、あなたが現代美術の天才・ピカソであると想像してみてください。いつも一人で構想して、黙々と絵を描き続け、いろんな人があなたの絵に高い価値をつけてくれます。その場合は、特に自分の絵のことを人に相談することもないでしょうし、報告する義務もありません。人間関係をもたなくても可能な仕事であれば、コミュニケーション能力の有無、必要性に関係なく、仕事の成果ははっきりしています。けれども、地球上の人間のうち、ピカソのような才能をもち、自身の能力だけで社会に認められる人が、どのくらい存在するでしょうか？　ご存じのとおり、それはほんの一握りの人間にすぎません。国や地域に関係なく、ほとんどの人は、好き嫌いを問わず、人と一緒に仕事をする運命にあるのです。これが1つ目の理由です。

2つ目の理由は、いま社会で求められている人間像にあります。

聞いたことのある方もいると思いますが、社会で活躍する人間は3つの型で分けられると言われます。「I型」、「T型」、「Π（パイ）型」です。いずれもアルファベットの形と関係あるのですが、まず、I型人間とは、1つの専門分野に特化し、その専門分野を深く下に掘り下げてきた専門職の人を言います。ピカソのような芸術家でなくても、イチローのような天才的なスポーツ選手でなくても、自分の専門分野に技術的に、理論的に優れている人です。

たしかに、こういうI型人間は非常に高い評価を受けてきましたし、社会に欠かせない存在です。特に経済の高度成長が続く場合、技術を向上させ、生産力で競争することができます。1つの分野で優れた技術や経験をもって、任された仕事の生産性をあげていく、重要な人間像になります。

T型は、形からなんとなく予想がつくと思いますが、先ほどのI型人間と同じ深い専門性、技術性をもっていて、その上に横のバーがあります。じつはこの横棒が大事なポイントです。自分が得意とする分野以外に、浅いかもしれないが広く興味をもっていることを意味します。そうすると、自分の専門分野を土台にして、さまざまな人とコミュニケーションをとることができ、他分野のことを理解しやすくなったり、斬新なアイディアが浮かんできたり、新しいチャレンジができるかもしれないのです。グローバル化が進む現代社会では、このI型人間とT型人間とでは、仕事での業績やネットワークにおいて、より大きな差が出ているようになっています。

例えば、I型の二人が会話をしているとします。すると、お互いに自分の専門分野には強いが、それ以外の話になると、興味を示さない、興味をもっても理解できないといった問題が発生し、新しいこと、解決策は生まれにくいでしょう。しかし、T型とT型が話し合っているとしましょう。お互いに専門が異なり、百パーセント理解はできないにしても、広い知識や興味をもっているため、そこから議論を重ね、ある共通認識ができると思います。さらに、アイディアや方針が決まりやすくなるでしょう。その後も、お互いがすでに理解したことであるので、仕事の進み具合も早く、潤滑になると思います。

Π型人間とは、T型人間に専門分野がもう1つ加わって、二本柱の専門の上に広い知識や経験をもっている人です。例えば、理系の専門分野で特化した業績を残し、その後、経営学修士号（ＭＢＡ）を取得して、幅広い知識を持ち合わせている人間を言います。Π型人間は、現代社会を生きる中で、ほぼ完璧な能力をもっている人だと思います。私も、今まで何人ものΠ型の方々にお会いしてきましたが、お話を伺っても、お仕事の内容を見ても、深みがあって発想がすばらしいと、ただただ感心するばかりです。それでは、どうしてＴ型やΠ型の人間が、現代社会で好まれ、成果を出すのでしょうか。それは、幅広い知識や経験をもっていることが大きく作用するのですが、やはりコミュニケーション能力が基本的なところを支えているのです。いくらすばらしい能力や知識をもっていても、人に伝える能力、人の言うことを聴く能力、理解する能力、それらをみんなで議論し、総合判断していく能力があるかないかで、仕事の結果に大きな差が出てしまうのです。

九州大学大学院農学研究院では、数年前から社会の実問題を取り上げ、その解決策を考える問題解決型教育プログラム「オープンプロブレムスタディー」を行ってきました。農業、林業、畜産、水産などの生物生産、工学、ＩＴ、バイオテクノロジー、食品科学、遺伝子工学などが複雑に関わっている最重要かつ未解決の実問題を取り上げ、その解決策を考える試みです。学生には、取り上げた問題をさまざまな角度から俯瞰し、いろいろな視点、考え方を学び、それらを駆使して、どのように問題を解決したらよいかを皆で考える訓練をしてもらっています。問題解決型の授業では、グループをつくって、討論してもらい、それぞれの提案を行ってもらいますが、結果的に優れた解決策、説得力の高い提案を出してくるのは、グループ内のコミュニケーションがスムーズにできているグループ、そして各分野の専門家と会話ができ、より多くの情報を引き出せるメンバーがいるグループでした。そうでないグループとの違いは大きく感じました。

私は2011年から九州大学の全学で行うビジネス講義を担当してきました。大学を卒業する学部生、大学院を修了する大学院生の多くが企業に就職している現実を踏まえて、学生に会社とはどういうものか、ビジネスとは何かを学んでもらいたいという目的の講義です。この講義では、日本国内やアメリカのシリコンバレーから講師を招聘し、会社の形から、事業開発、生産、マーケティング、人事、経理、ベンチャー起業など、多様なテーマで解説していただき、学生とのディスカッションを行っています。その講師陣の中でも、最も学生からの評価が高く、多数の質問やコメントが寄せられる講義がありました。組織の人事、コミュニケーションに関する講義を担当していただいている松尾正弘さんの講義です。

松尾さんのご紹介は、本書の最後に詳しく載っていますので、簡単に紹介すると、大学卒業後、大企業を狙わず、中企業から仕事をスタートされ、転職した外資系企業で人事の専門家として活躍され、定年退職後も、数回のヘッドハンティングにより、国内企業のみならず外資系数社で企業再建の業務を行ってこられました。勤め先において、給与制度や業績評価制度の改革を進めてモラルを高め、社員、管理職や役員など優秀な人材の採用などを通じて会社の発展に尽力して、いずれの企業も業績を大きく伸ばしています。一方、人事以外に事業部長、広報室長としての経験も20年以上あり、営業がわかる人事として評価されてきています。この長く豊富な経験から生み出されている組織の中でのビジネスコミュニケーションのお話は貴重なものと思います。

私は前述のように九州大学大学院で博士号を取得し、福岡のある民間企業（メーカー）に就職しました。その企業で研究開発、企画や国内、海外での技術営業などの業務を経験した後、大学に戻り、研究や教育に携わることになりました。私の今までの経歴は松尾さんのご経験や業務には比較できないほど、短いものかもしれませんが、民間企業や大学でのさまざまな仕事を通じてコミュニケーションの重要性を実感してきました。私自身が今までの組織の中で人間関係において感じたこと、悩み考えたこと、その解決策を見出したことについて振り返ると、松尾さんのお話は非常に共感できるものばかりでした。

組織の中で仕事をよりスムーズに達成していくためには、いくつか必要な能力がありますが、なかでも重要なものに問題解決能力が挙げられます。仕事の中で発生する問題、人間関係で生じる問題、それらの問題を解決する力の根底にある必須条件といえるものがビジネスコミュニケーション能力といえます。どのような組織の中で仕事をしていても、どんな仕事をしても、欠かせないビジネスコミュニケーションについて、もっと多くの大学生、大学院生、社会人になったばかりの若い方々に、ぜひこの話をお伝えしたいと思い、本書を企画しました。

先ほど紹介しましたが、本書は九州大学のビジネス講義の内容をベースにしてより分かりやすく再構成したものです。誰でもビジネスの場面において、多くの経験をし、問題にぶち当たり、成功や失敗を繰り返しながら、学び成長していきます。本書でお伝えするビジネスコミュニケーションは、すべてのビジネスのシチュエーションをカバーできるものではないかもしれませんが、社会人生活で必ず経験する、または既に経験しているに違いない例を挙げながら、ひとつひとつその対処法をみなさんに紹介しています。ビジネスの現場でぜひ思い出していただき、活用していただきたいものばかりです。さらに、松尾さんの長く多様なビジネスマン人生における実体験を本書中に四角で囲んで示していますので、今後の参考になるのではと思います。

姜　益俊

はじめに

54年にわたって、サラリーマンとして無我夢中で仕事をしてきました。もう少し計画的に仕事をしていれば失敗も少なく、もっとよい結果を出せたかもしれないという思いもありますが、これから仕事を始める人たちに、私の経験が少しでもお役に立てるとしたら幸いです。

ビジネスでは何らかの成果を出さないとなりません。成果を出すには、相手とのコミュニケーションが円滑でなければなりません。それには相手を理解することが必要なだけでなく、自分を理解してもらうことも大切です。コミュニケーションは一方からの発信だけでは成り立ちません。双方の発信とお互いの理解が必要です。

これは私が九州大学で7年間講義してきた内容で、学生でも社会人でも納得のいく内容になっています。特に学生には、社会人になる前にこの本を読み、いくらかでもビジネスの知識を身につけておけば、必ず役に立つと思います。

成功物語も入っていますので、自慢話のように聞こえたとしたらご勘弁ください。

松尾正弘

目次

第2章 会社が必要としている人材とは

第1章　ビジネスコミュニケーション

組織に入ったら、もちろん仕事の能力も問われますが、人間関係で悩むことが多くなります。会社をやめる人の80％は上司との人間関係、わかりやすく言えばトラブルでやめると言われています。トラブルを起こさないように仕事が続けられれば、また、楽しく仕事ができればどんなに仕事そのものがつらくても会社をやめるようなことにはなりません。気持ちの持ち方ひとつでどうにでもなるのです。それは、コミュニケーションを含めた人間関係をどのようにつくっていくかにあります。ビジネスコミュニケーションの内容をよく理解して実現できれば、人間関係もよくなります。自分の仕事を、自分のしたいように進めるには、やはりコツがあります。ここではそのコツについて述べます。

1 仕事に大切なのは情熱と意欲

1 まずは情熱と意欲
──常に情熱と意欲をもって仕事に取り組むことが大切です

自分の目標や達成したい内容を熱く思い描きながら行動することが大切です。絶対に達成しようという意欲をもつことが必要ですが、意欲は情熱と一体になっていますので、情熱をもてば意欲も湧いてきます。そうすれば仕事で自分の目標をもつことができます。仕事に夢をもつこともできます。情熱と意欲があって、その結果、夢がもてるのです。

みなさんは、若いうちから自分の情熱や意欲を全力で注げるような仕事をしたいと思いませんか? 全力で仕事ができる環境をつくり、仕事を達成すれば、その達成感をかみしめることができ、気持ちも高揚します。

すべて前向きにとらえ、決してネガティブに考えないことです。これは、簡単なようで、案外難しいことです。ときには意欲が減少して落ち込むこともあるでしょうが、前向きに考えていると回復が早いのです。初めから物事を肯定的に捉えられない人もいます。あなたはネガティブな考え方や卑屈な考え方をする人とは友人になりたくないでしょう。卑屈な人は周りの人たちを不幸にしてしまう傾向があります。

あなたは中学・高校までは入試という目標があってそれに向けて努力してきたのに、大学に入って目標を見失っていませんか。また、選択肢が増えて、どれを選んだらいいのかわからなくなっていませんか。入試のために勉強したり部活動したりしていた高校時代と違って、大学に入ると期末試験以外に自分に強制するものがなくなり、惰性で生活していることもあるでしょう。その中でどうしたら情熱を保てるのかが問題です。

人は関心があることや好きなことには情熱をもてるし、行動もできますが、それ以外のことには情熱をもてないと思うことがあります。しかし、みなさんは、いつも前向きで失敗してもくよくよしない人とは友達になりたいと思うでしょう。関わりたいと思うでしょう。夢をもっていつも目を輝かしている人の周りには、人が寄ってきます。友人に目を輝かせて話す人がいたら、その人と話すことで、自分も頑張ろうと意欲や情熱が湧いてきます。そういう人と話し合えば、自分のモチベーションが上がるはずです。

1 仕事に大切なのは情熱と意欲

現実には、学生が就職活動をするときは、仕事の内容で「就職」するのではなく、「就社」しています。入社してみて「こんなはずではなかった」とか「自分のしたい仕事ができない」などと考えることになります。そうなると、会社に対する情熱がなくなります。今は2年間で新卒者の33％が会社を退職すると言われています。会社側も「仕事基準」ではなくて「人基準」で採用しているので、結果的に本人の希望を満たすことができていません。そうなると「この社員は社風に合わない」とか「想像していた人と違った」ということで評価を下げ、本人はやむを得ず退社することになります。

自分のしたい仕事を入社のときに説明できるような論理をもっている人は、少ないと思います。研究職以外は、自分が希望する職種を面接のときに伝える機会がないままに入社していませんか。

就職活動にはモチベーションが大切で、モチベーションをどう維持するかが大切になります。自分は何のために働くのか考えたことはありますか。お金のために働くのか、昇進するために働くのか、あるいは自分の成長のためか、家族のためかという判断基準で考えるのが普通でしょう。何のために働くのかという自分の大義名分が崩れてくると、働く意欲を失います。何のために働くのかと自分で決めたら、その目的をいつも確認し続けることでモチベーションを維持できます。ネームバーリューだけで選んだ会社で大樹の陰でゆったりと仕事をする人や、入りたかった会社に通らず仕方なく興味をもてない小さな会社に入って悶々としている人はモチベーションが維持できません。

私は面接のときに目を輝かせている人を採用することを心がけました。通常は自分の部下の採用決定権は上司がもっていて、なかなか直接採用することはできませんが、唯一の機会はセールスの係長時代にありました。10歳年下でしたがその人は目が輝いていました。20代後半の彼は、20年後には常務取締役まで昇進しました。

中途採用で20人ぐらいのグループ面接をしたときは、目を輝かせて私の話に大きくうなずく女性がいました。強く印象に残り採用しましたが、期待に違わず、仕事の能力が高いだけでなく、コミュニケーション能力も優れており、責任が重い仕事を早くから任されていましたし、職場を明るくしてくれました。彼女は、部員からいつも感謝されていました。

2 情熱の火を燃やし続けるには
——情熱の火を分けてくれる人に密着するのです

情熱を継続してもつことはできないと思っている人は多いと思いますが、仕事は定年まで続くわけですから、情熱の火は燃やし続けなければなりません。

情熱の火を燃やし続けるには、第1に自分が納得できる短期目標と長期目標を立て、それを追いかけるのです。短期目標は2~3日から1週間ぐらい、長期目標は1か月から1年間ぐらいを目安にします。それ以上に長期的な目標を立てることは、変化が激しい現在の経済環境の中では難しいと思います。達成できないような大きすぎる目標では意味がありません。大切なことは、自分が立てた目標を途中であきらめずに追い続けることです。

第2に、情熱的な人を探してその人に密着することです。これはなかなか気がつきませんが、そのような人は必ず職場にいます。そういう人を早く見極めて、その人からどうしたらパワーをもらえるかを考え、密着して顔を見る機会を増やし、パワーをもらうのです。密着する方法はいくらでもあるでしょう。その人の趣味を一緒にやるとか、頻繁にその人の職場に行って話す機会をふやすとか、考えてください。

情熱の火を燃やし続けることができれば、自分のその後の人生に大きな影響を及ぼしますし、強く意識することで、あなたの生活は変わります。

人事部長の頃、毎朝15分ぐらい私の側に座る人がいました。特に私に話があるわけではなく、黙って私が部下と朝の仕事のやり取りをするのを聞いているだけでした。いつも用事は何ですかと聞いていましたが、何もないということでした。その営業部長が退職したときに、なぜ毎朝来ていたのか尋ねたところ、私から毎朝パワーをもらいに来ていたとの答えでした。

3 仕事はこなすのではなく達成するもの
——仕事は淡々とこなすのではなく、一つ一つ達成しようと思うことです

毎日、普通に仕事を「こなしている」人は多いのですが、これでは成果は思うように上がりません。ときには仕事がつらくなります。仕事を単に処理するという考えは、仕事を達成するということからはほど遠いと思います。達成するには発想を変えなければなりませんが、

達成することができれば仕事を続けるモチベーションを高めることができ、その後の仕事が順調に進むものです。仕事をしていて楽しいと思わなければ、また達成感がなければ、一生仕事は続けられません。仕事は達成するものと強く意識するのです。

卒業して入社した出版社で、最初の仕事は辞書・教科書販売の営業でした。1日3校回るように命じられましたが、どのように売るかという指導はありませんでした。3校回ると、午後4時には仕事が終わるので「営業は楽だな」と思いましたが、成績はあがりません。考え方を一新して営業の方法を工夫してみました。顧客の立場に立って具体的に販売の方法を変えたのです。達成することを目標に活動した結果、辞書・教科書等の説明の熱意も迫力も違ってきたので、顧客がよく話を聞いてくれるようになりました。確実に売り上げが伸び、達成感が感じられるようになりました。それまでとはまったく違って仕事が楽しくなりました。

どんな仕事でも達成しようと思えば工夫が必要になってきます。ベターは何かということをいつも考えるのです。なかなかベストには至らないものですが、どのように達成しようかと考えて仕事を工夫し、先例や慣習にとらわれず、どうしたら人とは違う結果を出せるのかと考えるのです。達成しようと思えば仕事への取り組み方が違ってきますし、達成するという意欲が迫力を生み、ビジネスの相手もそれを理解し、納得してくれます。

このようにして毎日を過ごすと仕事が楽しくなります。仕事は楽しくなければ、また明日頑張ろうと思わなければ、一生続けることはできません。

私は定年までに2社に勤務し、定年後ヘッドハンティングや知人の紹介で9社、合計11社に勤めましたが、いずれの会社でも仕事を達成することを目標に実行してきました。

最初に勤務した辞書の出版社では、創業100年の会社で歴史に残る貢献をしました。辞書の表紙に金箔で企業名を入れて記念品として商品化し、デパートの外商を通じて企業に売りさばいたのです。辞書を学生に直接売るのではなく、記念品として商品化することで新市場を開発したことになります。その結果、初年度で辞書の売り上げは30％伸びました。会社は新会社を設立してこの新ビジネスに対応するほどになり、2年目からは売り上げがさらに大きくなりました。

最初に転職した外資系のメーカーでは、広報室長時代に社会貢献のPRを斬新な手法で行い、メディアに多くの記事が掲載されて「社会貢献に優れた企業」として経済広報センターから表彰され、企業の知名度を日本全国に高めました。また、消費財関連企業各社の女性に協力してもらって日本ヒーブ協議会[*1]を設立し、企業における女性の地位向上の端緒になりました。この団体は、40年後の現在も毎月着実な活動を続けています。この団体の設立に刺激されて、消費生活アドバイザー制度[*2]が設立されました。さらに、消費者部門の担当者の集まりである消費者関連専門家会議（ACAP）が2年後に設立されるなど、当時遅れていた企業の消費者対応の導入・発展に寄与しました。その後転職した外資系レコード会社では、入社後2年間で人員削減やビルの移転などで固定費の50％削減を行い、入社前に16億円の赤字があった会社を、2年後には16億円の黒字会社に転換させることに成功しました。このリストラには組合も協力してくれました。組合の協力をもらうために、重要な情報はまず組合に伝えるなど強固な信頼関係をつくりました。

このように自分で考えた仕事が実行できたことで、会社に貢献できただけでなく自分も納得する仕事の達成感を味わうことができました。当時はいずれも無我夢中でやってきた結果なので、成果を予想したわけではありません

※1：日本ヒーブ協議会とは、企業と消費者の信頼ある関係を願い、変化する社会にあって有意義な仕事をしようと自ら参画して行動する女性の会です。1920年代に企業と消費者のパイプになることを目的にアメリカ家政学会の一分科会として設立されたHEIB（Home Economists In Business）が発祥です。日本では1970年代から消費者運動が台頭し、日本独自の「生活者と企業のパイプ役」として生活者の視点を生かし、企業の商品開発、マーケティング、広報、消費者相談室で働く女性の会として40年間にわたる活動を続けています。

※2：消費生活アドバイザーとは、内閣総理大臣および経済産業大臣事業認定の資格です。消費者問題のスペシャリストとして、消費生活にかかわる経済問題から関連法規まで幅広い知識を習得し、消費者教育の担い手としても期待される資格です。累積合格者は1万4132人で、直近3年間の合格者数は400〜500人、合格率は約20%です。企業関係で約90%、国・地方公共団体で約10%の人が働いています。消費者問題の理解や解決に必要な生活知識だけでなく、経済や法律など幅広い知識を習得することができます。二次試験の論文と面接の準備を通じて、論理的に考え、わかりやすく伝える能力が身につきます。

4 組織の中で仕事を達成する方法とは

仕事はプロセスがあると効率的に達成できます。プロセスについて述べてみましょう。

① 何よりも必要なのは観察力です

まず必要なのは観察力です。現状をよく観察し、問題点をつかむのです。社内報を過去にさかのぼって読むのもいいでしょうし、社史があれば借り出して読むのもひとつの方法です。その気になって探せば、必ず会社の問題点はわかってきます。

インタビューもよい方法です。わかりやすく言えば、周りの人に会社の問題点を聞かせてもらうのです。人によって捉えている問題点が異なりますが、それがたいへん参考になります。問題点などまったく考えていない人もいるので、不要なトラブルを避ける意味でも、インタビューをするときは慎重に行動することをおすすめします。その後の情報収集も怠らないことです。周りの人が話してくれた問題点のその後の推移をどう考えるかと、機会があればお聞きした方がベターです。

②構想力がとても重要です

観察した結果に基づいて具体的に自分の仕事を構想します。達成する計画を考えます。その中には必ず問題が含まれていますのでその解決方法も考えます。達成する内容を戦略的に戦術的に企画するのですが、箇条書きでも構わないので、まず書き始めることです。戦略は最長1〜2か月間で考えます。戦術は2〜3日から1週間をめどに考え、その2つの戦略と戦術の計画に数字を入れて実行可能な達成目標を定めると、上司も納得します。

③最後に大切なのは実行力です

着実に実行するにはエネルギーと行動力が大切で、実行にあたってはリーダーシップと説得力が必要です。人の助けを借りる場合があるかもしれません。失敗もあるし、反対や抵抗もあるでしょう。失敗してもがっかりしないで、何度でもトライしてみましょう。

失敗を恐れないことが必要です。誰でも仕事での失敗はたくさん経験し、みんなそれを乗り越えて何度もチャレンジしてきたのです。抵抗されることも多いでしょう。抵抗する人に対しては説得力も必要です。どうしても理解してくれない人には、正面だけでなく、横から下から後ろからと、手を変え品を変え、相手に慎重に配慮しながら自分が考えた内容を誠意をもって説得してみることです。説得の技術を身に着けると、今後仕事で困難なことにぶつかったときに必ず役に立ちます。

仕事は一人ではできません。チームや組織で達成するというのが基本で、必ず周りの人に協力をもらい、周りの人たちを巻き込んで一緒に考えてもらうことになります。そして、その基本はコミュニケーションにあります。仕事を達成するには、慎重に配慮されたコミュニケーションがどうしても必要になってきます。いつも目標を達成している人は、コミュニケーションに優れています。そのような人にかかると、いつの間にか自分も巻き込まれてしまっています。

5 出勤前に仕事を考える
――毎朝、その日何を達成するのかを考えます

毎朝、出勤前にその日の仕事をどのように達成するかを考え、出勤前に頭を整理します。そのためには仕事のことをいつも把握しておくことが大切です。達成するという観点から、計画的に時間配分や優先順位を考える習慣をつけるのです。この習慣をつけることで、仕事は「こなす」のではなく「達成する」という感覚で考えることができるようになります。

2 組織を動かすコミュニケーション能力

仕事は組織の中で行うわけですから、組織の中の人たち、すなわち上司・同僚・部下に動いてもらわなければなりません。協力してもらわないと結果は出せないのです。協力してもらうにはどうしたらいいかについて述べます。

1 目標達成のために必要な情報を集める
――いつも外部に向かってアンテナを立て、あらゆる方法で情報を集めます

社内の上司・同僚・部下から情報を集めるのもひとつの方法です。そのためには聞き上手にならなくてはなりません。他部門に親しい人をつくって情報を交換することもできるでしょう。情報を一方的に受け取るだけでは、親しい関係はつくれません。必ずこちらからも情報を提供しないと、いい情報は入らなくなります。ギブアンドテイクの精神を忘れないで

長期にわたって情報が入ってくるようにします。

異業種交流で社外の友人をつくるのもひとつの方法ですし、同窓会も有力な情報源となります。幅広い友人関係をつくるには、人への配慮を怠らず、律儀に行動しなければなりません。信頼関係をつくらないと情報は入ってきませんし、信頼関係ができ上がってきて慣れてくると情報は自然に集まるようになります。情報をもっている人を律儀に訪ね、質問し、協力をもらうのは、優れた人が行っている方法です。

新聞・雑誌・インターネットなどから情報を集めるには時間がかかります。手を抜くと、偏った情報しか手に入りません。世界中で何が起きているか、日本との関係はどうなるかを知ることです。経済状況を正確に把握するためには何を読まないとならないのか、誰に尋ねたらいいのかなど、これも情熱と律儀さが必要です。広くアンテナを張り、情報が入るように自分を追い込むことを習慣づけるのです。

2 自分の情報を公開する

——自分の目標や達成したい内容や意欲を周りの人に知らせるのです

自分という人間はどんな人間なのかを上司や同僚や部下に知ってもらうために、自分の目標や自分はどのように仕事をしたいのかを周りの人たちに伝えることが必要です。自分の売り込みと思って、周りの人に自分を理解してもらうことを実行するのです。

自分は引っ込み思案でそんなことはできないと思っている人も多いかと思いますが、若いうちからあきらめないで周りの人に伝える練習をしましょう。コミュニケーションの基本は自分のアピールです。表現すれば周りの人たちに理解してもらえ、協力を得られます。自分をさらけ出してしまうと足をひっぱられるのではないかと心配する人がいますが、熱心に自分の考えを説明する姿勢は必ず相手の共感を呼びます。

3 自分のビジョンを常に周りに知らしめる
——常に自分の夢を語って、人に感動と共感を与える人になるのです

自分の夢やビジョンを整理して考えておくことが必要です。自分の情報を公開することだけでなく、熱意をもって夢やビジョンを語るのです。夢を語る人には批判もあるでしょうが多くの人は憧れます。共感する人は必ずいます。言うなれば仲間と考えてもいいでしょう。ビジョンとは、仕事をしていくうえで達成したい目標や方法、また、到達したい状況を指します。ビジョンをもっていない人は信頼されません。特に管理職になればビジョンが問われ

ます。自分は管理職にはなれないと思っていませんか。誰でも管理職にはなれなくても後輩の指導は必ずやらされるのです。ビジョンをもたないで仕事をするのはつまらないですよ。命じられた仕事はきちんと達成するが夢やビジョンがない人はいますが、あまり仲間は多くありません。

周りの人から近寄りたい、話を聞きたいと思われる人になるのです。周りの人が寄ってくるようになれば、コミュニケーションは自然に発展します。そしてビジョンを言語化することで問題点が明確になり、次に自分が何をすべきなのかがはっきりとわかるようになります。その結果、自分の夢が目標になり、どうしても達成したいと思うようになります。

私は若い頃から生意気だと言われていました。めげることなくヌケヌケと自分の考えや夢を表現してきました。自分のつたない夢を平気で周りの人たちに話していました。20代の頃は上司からいじめられたこともありますが、自分の夢なので誰にも壊されないものだと信じていました。いま思うと、幼い夢だったかもしれません。しかし、夢とビジョンは近い関係にあるので、ビジョンをもつ訓練は若いうちから始めるべきだと思います。年配になってからではできなくなります。ビジョンをもたない人は人から信頼されず、大成しません。

管理職になってからは、機密情報でも、入社したばかりの女性から年配の部下まで全員に厳重に口止めして、平等に伝えてきました。結果、全員がいつも私と同じレベルで話し合うことができるようになって、いいアイディアが出るようになりました。全員で話し合った結果はとても優れた内容になります。若い人たちがみるみる積極的になってきます。

4 一人の人間でも会社を変革できる

――大会社といえども、意欲をもった社長一人で変革することができます

一般的には優れた経営者や管理職によって組織全体が活性化してきてモラルが高くなり、業績が上がると言われています。その人の能力と情熱が組織全員に理解され、組織や会社が変わるからです。

入社した会社3社で取締役の全員を入れ替えることに成功しました。社長も役員に不満をもっていたのですが、日本の慣習を尊重して退職要請ができなかったのです。タイミングよく入社したため、社長と十分話し合って会社を変革することができました。会社をドラスティックに変革するには組織のトップを変えることが一番ですが、外資系だからできたこととも言えます。組織のトップが替われば、組織全体が変わります。大切なことは後任の採用で、変革ができる人材を探し出して本人とも議論して説得し、入社してもらうことができるかどうかにあります。

5 コミュニケーション能力を高めるためには ——あきらめない気持ちが大切です

ビジネスで成功している人はコミュニケーションに優れています。成功している人はいつも次のように心掛けています。

① 目標達成のためには必要な情報を集める努力をしています。
② 情報をもっている人を訪問し、質問して協力をもらっています。
③ 常に夢を語り、熱意をもって人に感動と共感を与え、協力者を集めています。

6 傾聴の能力を高めることが大切
——意見が違っても相手の話には耳を傾けることです

何度も申し上げますが、組織を動かすにはコミュニケーションが大切です。こちらから伝えるだけではなく、相手の話を受け取るという双方のコミュニケーションがあります。他人の話に慎重に耳を傾けるには、配慮を怠らない行動が必要です。

配慮は、相手に興味をもたなければできません。興味をもつとは、その人のことを考える機会を増やすということです。好きな人だけではなく嫌いな人にも興味をもち、その人を知りたいと思うことが必要です。それは自分のタンスの引き出しを増やすことです。タンスの引き出しが多い人は、コミュニケーションに優れていると言われています。

意見の異なる人や嫌いな人の話は聞きたくない人もいるかと思いますが、意見が違っても嫌いな人でも、相手の話は誠意をもって聞くことが大切です。

他人の話を聞くには、あいづちを打ち、質問をすることです。「それはよかったですね」とか「それはすばらしい」など相手の話に賛意を表明して、話を続けます。あるいは、「それで」とか「それからどうなったのですか」など質問して、相手の話を引き出すのです。その人に興味がなければあいづちも質問も続きませんし、聞く態度だけでなく話を引き出す能力も問われるのです。

コミュニケーションは相手の話を聞くことが必要です。聞くことは、自分がしゃべりたいと思っている人にとっては苦痛かもしれません。いつも自分ばかり話している人もいますが、聞いてあげないと仲良くなれません。この傾聴能力を高めるためには練習が有効です。とにかく聞くことに励むのです。子どもと話しているとわかります。子どもは話を引き出してくれる人が好きなので「それで」と話を引き出すといくらでも話してくれます。

私は相手の話をどれだけ聞いたかをいつも分析しています。会話が終わって相手が50％以上話したと確信できれば成功したと思っています。誰でも話したいことはたくさんあるからです。自分の話を聞いてくれる人には好感をもちます。相手の話も聞き出すのはコミュニケーションの大切な部分ですが、みなさんは一方的に話していませんか。

部下を異動させるときに困るのは、発令後に社員の家庭の事情（家族の入院とか）で取り消しになることです。直属の上司が日頃から部下と十分なコミュニケーションをとっていなかったからです。部下の相談に乗っていないので事情を把握していなかったのです。部下に興味をもっていない上司のコミュニケーション能力の不足です。

7 嫌いな人にもコミュニケーションは平等に
――好き嫌いだけで人を評価しない

嫌いだと思えば相手に伝わりますし、自分が嫌いな人は他の人からも嫌われている可能性があるので、孤立しています。好きな人には友好的な態度をとりますが、嫌いな人の評価は自然と低くなるという人は多いでしょう。周りから嫌われている人と仲よくなれば貴重な情報を得ることもあるし、職場の雰囲気やチームワークを改善することができます。嫌いな人には特に声をかけるようにすることが大切です。基本的には嫌いな人をつくらないことです。
　声のかけ方は天候の挨拶でも何でもいいのです。声をかければ相手は自分に興味をもってくれたのだろうと好意的に解釈します。人の評価はいい評価も悪い評価も固定しないことが大切です。いつも自然に構えて公正に評価するのです。一緒に仕事をしている人には悪人はいないわけで、必ず優れたところがあります。悪い評価を固定すると、その人が優れた行動や活動をしたときでも公正に評価できないことになるのが人間の性《さが》です。コミュニケーションは誰にでも平等に行うのです。平等ということが大切で、公平に行うことではありません。相手によってコミュニケーションの方法を変えることはどなたでも経験していることでしょう。好きな人には話をするが嫌いな人には話さない人はいるかと思いますが、好きな人にも嫌いな人にも平等に話しかけることがコミュニケーションのコツです。

　転職を繰り返す中で辛い思いをさせられたり、足をひっぱられたりした人も結構いました。退職するときに嫌味のひとつも言いたいと思った人も何人かいました。しかし、そんな人でもいいところはあると思い何も言わず退職しました。転職後に必要があってその人たちから重要なサポートを受けたことがあり、どんな人でも大切にする習慣が身につきました。人間関係はどんな嫌いな人でも大切にするという発想が大切です。転職したり定年退職した人たちにもコンタクトを欠かさず、年賀状をやりとりするなど関係を続けています。私が転職を繰り返した中で40年間も会話をしたことがなかった人からの紹介もありました。年賀状で私の活動をご存じだったのです。

3 律儀さとダメモトの精神が大切

1 律儀さは信頼の基礎
――頼まれればまずYESで返事をする

ＹＥＳと言って引き受けて、実行できないことが後で判明したら、理由を説明して詫びましょう。これはなかなかできないことですが、やれば信頼度は増します。どんな小さなことでも真摯に対応するように心がけ、つまらない仕事でもしてあげようと思うのです。あまりにもくだらないことでもまず反応することです。あの人に頼めば必ず引き受けてくれる、という信頼関係が築けるのです。律儀さは仕事のうえで大切です。頼んだ人も内容によっては頼むのをためらっていることがあります。些細なメールにも必ず返事をするように心がけましょう。これをないがしろにしている人はたくさんいますが、どんなメールにでも必ず短い返事を出すようにすることをおすすめします。細かいことに対応すると、評価が高まります。

私が勤めた外資系企業では社長から「困ったときに頼れる松尾さん」という評価をいただきました。それはどんな難題でもまず解決することを引き受けたからです。当然、できないこともありましたが、必ず代案を提案して解決に近い結果を出していました。社長は方針を考えるときに悩むことがあります。私は人に比べて情報をたくさんもっていたので、社長が判断するときに呼ばれることがありました。私は方針や戦略に関することではお答えできませんでしたが、置かれている状況の説明はよくしていました。

2 ダメモトの実行
——断られる確率が高いと思っても一応頼んでみる

これはコミュニケーションの番外編のようなものですが、知っておくととても助かることがあります。

ダメモトは案外うまく通ることがあります。自分が思っているよりも相手は難しく考えていないことがよくあるからです。断られる確率が高い場合、話すことに抵抗がありますが、ダメモトで話してみることです。うまくいくこともあるので怖がらず行ってみることです。

ある外資系企業の面接を受けたときに面接した人は財務担当取締役でした。「入社が決まったら私の上司はどなたになりますか」という質問に彼は「私が上司になります」とのことでした。「あなたは会社の決定権者ですか」と再度質問しました。「決定権者は私ではありませんし、日本の会長でもありません（社長は不在）、香港にいるアジアパシフィックの社長（外国人）です」との答えでした。当時私はもう69歳でしたがダメモトで「香港の社長の直属の部下なら入社します」と話しました。それが受け入れられて、私は日本の会長やその財務担当取締役と同格の取締役人事総務本部長で入社しました。これは入社後の会社再建のための施策の提案やその実行に大きな影響を及ぼしました。その結果、私は固定費の削減に思い切った提案をして実行することで、会社は再建できたのです。

3 律儀さとダメモトの精神が大切

4 上司・同僚から協力をもらうには

上司・同僚が気持ちよく協力してくれれば仕事が楽しくなりますが、それには努力が必要です。その努力も毎日やっていれば習慣になり、努力とは思わなくなります。

1 上司・同僚の長所を早く発見し堂々と褒める
――どんな上司や同僚にも必ず長所があります

上司の能力は自分より低いと思っている人や、嫌っている人は多いと思います。上司とはうまくいっていない人の方が多いのかもしれません。もし相性がいい場合、その人は極めてラッキーと考えてもいいと思います。しかし上司は長所があって能力が優れているからこそ管理職になれたのです。その人の長所を早く発見して、長所が理解できれば、自然に態度に表れます。それが相手に伝ると信頼の第一歩となり、自分の仲間や味方と思われるようになります。嫌いな人を好きになる方法もまったく同じです。長所を早く発見して、何かの機会に自分はあなたを理解していると表現することです。

上司を堂々と褒めることをお薦めします。性格や長所や能力を褒めるのではなく言動を褒めるのです。相手も言動を褒められたら納得します。同僚には能力を認めて褒めることも有効ですが、上司の能力を話題にすると僭越だと思われて誤解される可能性があるので、ここを間違えないようにすることです。上司も自分と違った意見やもっとよい意見を聞きたいと思うことがあるはずと信じるのです。あなたは上司には異なった意見は言えないと思っていませんか。それにはまず自分の意見をしっかりもっていなければできません。人を褒めるとその人はあなたの前では褒められた長所を出そうとしていい態度をとろうとします。その人との関係はいつも良好な状況になります。

自分の意見をもたない人は会社で中枢まで昇進できません。違う意見を積極的に発信することは大切です。発信しなくても考えをもつことは自分の成長に役立ちます。上司・同僚から協力をもらうには信頼関係が大切です。自分がやりたい仕事を任せてもらうことができるような信頼関係を築くのです。上司にゴマをすって昇進したと言われる人がいますが、その人は上司の長所を発見して相手が納得するような話し方をしてきた人です。

私もリップサービスだけで出世したと言われたことがありました。しかし、私が出世したのは、上司との信頼関係を築き、仕事をどのレベルでも達成してきたからなのです。リップサービスだけで外資系企業の役員にはなれません。

2 上司からの指示は即実行
――上司の依頼は即実行するという心構えが必要です

上司から2～3日でと言われたら翌日に、明日までと言われたら今日中に、2～3時間と言われたらすぐに、すぐにと言われたら息を止めてでも実行するという心構えが必要です。

なぜそこまでしなければならないのかとあなたは思うでしょう。上司は日時を指示しておきながら早く結果が欲しいのです。上司の予想に反して早く結果をもっていくのは信頼関係の醸成につながります。これは同僚でも部下との関係でも考え方は同じです。みなさんの友達の中には「期日を守らない」人がたくさんいるでしょう。しかしもしアクションが早い人が身近にいれば、あなただけでなく周りからの信頼感が増すことになると思いませんか。

課長のときに、部長を飛び越して社長から直接指示されたことがありました。明日でいいと言われたにもかかわらず1時間後に「あれはどうなった？」と電話がかかってきました。明日でいいとおっしゃったではないですか、などと言うわけにはいきません。

自分が上司になってわかったのですが、頼むときは部下に気を遣って明日でいいなどと言ってしまうのですが、すぐに気になって問い合わせたくなるのです。気が短いのではなく、早く結果を聞いて結論を出したいのです。優れた上司ほどこのような行動をとりがちです。

3 二段階上の上司の考え方を推測

直属の上司はその上の上司からどのような指示を受けているのかを推測するのです。自分の上司が係長の場合は、課長がどんな指示を係長に出しているか、いつもよく観察し、話す言葉や行動から推測するのです。上司の考えを知ろうとするスタンスを維持しつづけると、上司から見て相談しやすい部下という信頼を受けることになります。

二段階上の上司から直接指示されることがあります。そのときは事前に直属の上司に説明し、事後に必ず報告することが必要です。これを忘れてはなりません。直属の上司は自分の上司が、自分を飛び越して自分の部下に直接指示された内容とどのように答えたかを早く知りたいと思うのは当然です。この動きは結果的に直属上司が働きやすいようにサポートすることになるのです。このような行動をとらず、上司との関係がぎくしゃくするサラリーマンは多いかもしれません。

最初に転職した外資系会社で常務取締役になったとき、自分のレポートラインにいる本社の副社長やディレクターにそれとなくコンタクトして、直属上司の社長の上司であるアメリカ本社の副社長の考えを推測しました。それがうまく機能して日本の社長をサポートすることができました。社長はたいへん喜んで私を「戦友」と言ってくれるようになりました。信頼が醸成された結果、仕事はすべて任せてもらえ、仕事を自分の考えで実行することができるようになりました。

4 提案は却下されても2回は出してみる
――自信をもって出した提案はノーと言われても2回は提出してみることです

自信をもって出した提案は、ノーと言われても、形を変えて最低もう1回は出してみることをおすすめします。優れた提案なら上司も考えを変えることがあります。上司もそのときの気分でいいかげんな返事をすることもあるので、諦めないで再チャレンジするのです。粘り強く再提案してくる部下の熱意に感心しない上司はいないと思います。上司から提案の欠点を指摘されたり、提案の内容にアドバイスをもらえたりするかもしれません。

課長時代に社長から「アメリカ本社の創立記念に何か考えてほしい」と部長を飛び越して指示を受けました。上司の部長にその旨を報告して課員全員で討議して「留学制度プログラム」の案を提出しましたが、社長は別の考えをもっていたようで却下されました。しかし、課員全員で討議した自信のある提案だったので、形を変えて再度提案しました。社長は「社長がノーと言ったことをまた提案するとは何事か。お前はすぐに辞表を書け」と言い、私は真っ青になり辞表を書こうとしました。その後、社長から別の案件で呼ばれた際に「却下した案件をまた持ち込むとは、よほど自信があったのだろうから説明しなさい」と言われ、内容を詳しく説明しました。結果的にその案は社長に採用され「親と子の留学生プログラム」として実行されました。私も辞表を書かされるとは思いもしませんでしたが、思い切って再提案してよかったと思います。社長も懐の深い人でした。それ以降は自信をもって提出した案は最低2度は出してみることにしました。

5　周りの人を幸せにするコミュニケーション

ビジネスに限ったことではなく、普段の生活でも常に周りの人を幸せにするコミュニケーションを考えていると、自分も幸せになります。特にレストランのウエイトレスやゴルフ場のキャディなど、サービス業に従事している人を対象に行うととても効果があります。「ありがとう」の一言でいいのです。ビジネスの世界でも同じように実行すると仕事がスムーズに進行します。

1　どのように考えてあげれば相手が幸せと感じるかを意識する

仕事でこのように考えることに抵抗を覚える人もいることと思いますが、実行しても何も不利益になることはありません。誤解されると考える人もいるかもしれませんが、気持ちよく仕事をしてもらうために、相手の言うことや考えることに共感して、90％は褒めるようにするのです。相手の考えに共感するというのは難しいところがありますが、相手が喜ぶことは間違いありません。

上司として部下の提案をいつも褒めるというわけにはいきませんが、極力褒めるのです。部下の業績を評価する場合はそういう方法は取れませんのでこれは分けて考えることが必要です。褒めれば人はのびのびと仕事をするようになり、褒めた人の前では極力いい態度を見せるなど関係がよくなります。上司だけでなく同僚や部下には特に配慮することです。効果は思ったよりも大きいことに気がつきます。このような習慣を身につけると、コミュニケーションはよくなります。

2 嫌いな人の長所を見つけることができれば違った対応が可能に

長所を早く発見するように努力するのです。長年この方法を取っていますとあなたには嫌いな人はいなくなると思います。いなくなるということは敵ではなくなるということです。これは組織の中でとても大切なことです。

私は毎朝鏡を見て1分間でもニッコリ笑う訓練をしています。相手を幸せにするには自分が幸せな顔をする必要があります。仕事のことを考えると朝から厳しい顔つきになりますが、厳しい顔では、朝会った人に大きな声で快活に「おはようございます」と挨拶することはできません。朝ニッコリ笑っていれば、誰に会ってもいい顔で挨拶することができます。難しい仕事をしているときでも笑顔を絶やさない気持ちをもつようにするのです。いつも笑顔でいると人は安心して寄ってきます。コミュニケーションは相手があることですから、相手が近寄ってきたくなるような雰囲気をつくっておくことが大切です。

3 厳しい話はまずねぎらいの言葉から

「あなたの活動には私はいつも感謝している」とか「いつも他人への配慮をしてありがとう」などの前置きをしてから厳しい話を始めるのです。初めにねぎらいの言葉をかけると、その人は安心して話す内容を理解しようと前向きになり、心が開きます。そして厳しい話でも受け入れる気持ちができることがあります。いきなり厳しい話をすると、気持ちが落ち込んで抵抗感ができ、話を聞く態度にはなり難いものです。心を開かせてから話す方が有効です。難しい話をする前にリラックスさせることはとても効果があります。

4 叱るときは必ず1対1で、最初にリラックスさせること

相手をリラックスさせ、話を聞く態度をつくらせてから本題に入るのが、叱るときには特に役に立ちます。叱るときは個室に入って行うことが大切です。ミスをねちねちと追及する人がいますが、本人は配慮の不足や深く考えなかったなどの原因でミスをしてしまうわけですから、落ち込んで注意した人を恨むということにもなりかねません。理由を追及するのではなく、今後起きないようにするにはどうしたらいいかを話し合うのです。本人に改善方法を考えさせ、それを実行しようと話し合うのです。改善を実行する内容が決まったら、実行の期限を設けて再度話し合う日時を設定すれば完璧です。大切なことは、二度と起こさないようにするにはどうしたらいいかということを本人に決めさせることなのです。

5 周りの人を幸せにする コミュニケーション

アメリカで家庭に招待されたときに外から電話がかかってきました。彼は「Very Good!」とか「So nice!」、「Splendid!」などと感嘆詞を使って返事をしているのです。よほどすばらしい内容だと思って尋ねてみましたが、話の内容はたいしたことではなかったのです。

これを私は長年実行してきました。相手の話にあいづちを打つときに「それはいいですね」「それはすばらしい」などと言っています。また長所を早く見つけることから始めています。アメリカで1週間のコミュニケーションのトレーニングを受けましたが、印象に残ったのは叱り方のロールプレイで、慣れない私は何度も繰り返しやらされました。

講義についての質問と回答

質問　講師が一番つらかったのはどのようなときだったでしょうか？

回答　一番つらかったり落ち込んだりしたのは20代の頃でしょうか。上司に反発して「いじめ」にあいました。それを乗り越えるには目立つ仕事をしないとならないと思い販売方法を工夫しました。そのときから上司は味方につけなければならないと何もできないと悟りました。

質問　自分は効率的に仕事をすることが得意ではなく、急いで仕事をすると質が落ちると思います。必要最低限の仕事の完成度はどの程度のものでしょうか。

回答　上司の指示は、内容もさることながらスピードも求められます。時間内で自分の能力に合った方法で最善を尽くすことでいいのではないでしょうか。自分の能力以上に早くしたり、方法を変えてみたりはしない方がいいのではないでしょうか。

質問　相手に何かしてあげる場合、見返りを求めることがあります。見返りを求めない心の持ち方はどうしたらいいでしょうか。

回答 寛大な心としか申し上げられませんが、見返りを求めないで情報を提供することこそが自分の情報の公開と思ってやってみたらいかがでしょうか。

質問 どうしても自分と合わない人の長所を見つけることは難しいと思いますが、具体的にどのような方法で見つけるのですか。

回答 その人と話す機会を多くもつことです。話す機会が多くなれば長所も見えてきます。嫌いな人とは話したくないと思っているでしょう。コンタクトを深めるには努力が必要ですが、機会が増えれば長所が見えてきます。

質問 どんな小さなことでもYESからスタートするとありましたが、自分は能力を超えて引き受けると完成度が低くなり、迷惑をかけてしまいます。うまく断る方法はありますか。

回答 うまく断る方法はいくらでもあるでしょう。忙しいことを理由にすることもできるでしょうが、大切なことはあなたに頼むといつも引き受けてくれるという信頼関係の醸成なのです。私もできないことがよくありました。しかし「困ったときに頼れる人」というのが定着して、信頼関係を築けました。

質問　運動部のコーチをしていますが、年齢が近いこともあって鼓舞することはできても叱るのがたいへん難しいときが多いのです。どのようにすればいいでしょうか。

回答　コーチの仕事は大変ですね。褒めることと叱ることをバランスよくやらなければなりません。80％は褒めて、よほど目に余る行為があったときのみ叱るという方法はどうでしょうか。

質問　日本は一度会社をやめるとやり直しがきかないという話を聞きますが、どのように考えればいいでしょうか。

回答　現在、転職は当たり前になっていますのでやり直しがきかないということはありません。企業の方も終身雇用が廃れてきています。大企業でさえ経験豊富な中途採用者を求めています。

質問　相手に共感して90％は褒めるとありますが残り10％はどうすればいいのですか。

回答　どうしても褒めることができないときもあるでしょう。私はそのときはあいづちを打つだけにしています。それが10％でしょうか。大切なことは何でもないことでも「それはよかった」と言って、相手に気持ちよく話をしてもらうことです。

質問　今のような情熱がない中で留学なんてとんでもないと考えています。しかし、二度とない機会なのでどうしたらいいか悩んでいます。

回答　留学はぜひ実現してください。いつからでも遅くありません。今は苦しくとも、留学することで考え方が１８０度と言っていいぐらい変化しますし、違った世界が広がります。

仕事は一人では達成できません。チームや組織で達成するものです。いかに人を巻き込むのかが勝負で、その基本はコミュニケーションにあります。

上司や同僚や部下との信頼関係の構築には正しいコミュニケーションが必要です。信頼関係なくしては仕事ができません。恐れず、恥ずかしがらず、思い切ってやってみることです！

第2章　会社が必要としている人材とは

会社が必要としている人材はどんな人でしょうか。それがわかれば、そのような人になる方法を探せます。その方法を実行すれば、会社に必要な人材になることが可能になります。

1 勝ち残る企業に必要なもの

1 優良企業でいられるのは30年まで

日経ビジネスが1983年に行った調査によれば、企業にも寿命があり、「本当に活きがよいのは最初の10年」という衝撃的な結論でした。日本で30年以上繁栄を続けている企業はほとんどないということでした。

2004年に日経NEEDSによって再度調査されたのですが、2回目の調査でもほぼ同じ結論に達しています。2004年の第2回調査のデータをご紹介します。調査は企業規模、収益性、安全性、成長力で評価しました。

第1回の調査と同じく企業を年齢別に11のグループに分けて評価したところ、次のような順位になりました。

第1位：「10歳に満たない会社」ヤフー、ガリバーなど
第2位：「10代の会社」NTTドコモ、オラクルなど
第3位：「20代の会社」キーエンス、サミーなど

設立30年を過ぎた企業群について総合評価の上位を見ると、1位に武田薬品工業（2004年時で設立79年）、5位にキヤノン（同66年）、6位に任天堂（同56年）、8位にトヨタ自動車（同66年）など、超のつく大企業がランクインしています。トップ10のうち7社は設立30年以上の企業です。こういった企業群は、規模の得点が高く、収益性や安全性などでも高得点とバランスよく得点を稼いでいるのが特徴です。超優良企業が含まれながら、設立30年以上の会社群がグループとして「並み」になってしまうのは、中高年になるにつれて脱落する会社も多いことを示しています。

現在は大企業であっても経営が厳しくなっている有名な会社はかなりありますし、企業寿命は短くなっているのかもしれません。大企業に就社して定年までのんびり過ごすという時代ではなくなった中で、この結果は考慮しなければなりません。個人としても企業としても、

世界情勢や経済情勢に敏感に対応できなくなれば大企業でも安泰ではないということです。

2 勝ち残る会社とは

①企業には、潰れる会社と生き残る会社と勝ち残る会社があります

勝ち残る会社は、売上や利益の伸びが業界平均よりも高く、シビアに将来を展望して戦略的に優れた会社のことです。経営理念がしっかりしています。

②「勝ち残る会社」に最も必要なのは質の高い社員なのです

過去に市場シェアを高め、業界でも高い成長率を維持してきた会社でも、変化が激しい経営環境ではシェアや売り上げを維持することが難しくなってきています。どの企業にも優れた企業理念がありますが、その優れた理念を実行する質の高い社員が十分いるとは言えない状況にあります。質の高い社員がいて初めて企業は勝ち残ることが可能なのです。品質の高い社員こそが今企業が必要としている社員なのです。では、質の高い社員とはどんな社員なのか、またそのような社員になるためにどのようにしたらいいかを考えてみましょう。

2 リーダーとマネジャーの違い

リーダーとマネジャーはどう違うのでしょうか。

① リーダーは進むべき方向を考えます

リーダーは進むべき方向を考えて、みんなをその方向に進ませる役割があります

② マネジャーは進むための行動を指導します

マネジャーは目標に向かって進むための行動を具体的に指導します。

例を挙げて説明しましょう。例えば大海原で遭難して、10人でボートに乗っていると仮定します。どの方向に進むのかを決定するのはリーダーの役割ですが、みんながバラバラに漕

いでしまっては目的地に到達できません。そこで、息を合わせて効率的に漕ぐように指導するのがマネジャーの役割です。

リーダーとマネジャーがそれぞれの役割を果たして初めて、みんなの目的を達成することができるのです。

③リーダーは理念やチャレンジする目標・方向性など、説得力をもって表明します
リーダーには革新的な発想が問われます。リスクを計算し、長期的な戦略を立てて実行し、「やらねばならぬ」から「やりたいからやる」へ、全員の意識をもっていく能力が問われます。

④マネジャーは具体的な戦術を立てます
マネジャーは仕事の改善を終始心がけ、リスクを回避しながら目標を達成するのです。

⑤リーダーはマネジャーの中から選ばれるのです
組織は少数のリーダーと組織に合った数のマネジャーが必要なのです。

講義後の質問と回答

質問　上に立ってリーダーシップを発揮できない人もいると思いますが、企業から見るとそのような人は不要な人材なのでしょうか。

回答　そのような理由だけで企業はその人を不必要と判断したりしません。一般的に企業は20％の仕事ができる人と80％の普通の人で成り立っていると言われています。また、20％の社員で会社の売り上げの80％をカバーし、20％の製品が売り上げの80％を占めているとも言われています。これを80対20の法則と言います。

質問　周囲を巻き込んでいくようなリーダーシップのある人物になるためにはどのような能力や努力が必要ですか。

回答　判断力、決断力、交渉力、傾聴能力に優れていることが必要です。

3 スキルとマインドを高めるには

スキルとマインドを高めることができれば、企業に必要な人材に近づきます。

①社員の能力をスキルとマインドに分けます

スキルは仕事の能力のことです。またマインドは人間性のことです。

②スキルには機能的スキルと専門能力が必要です

自分の業務を専門的に実行できるための知識や技能をしっかりもっていることが必要です。営業には営業の知識と経験が、人事や財務にもそれぞれの専門的な知識と経験が問われます。これらの知識・能力をもとに効率的に機能的に動けることが、スキルの高さにつながります。

③説得力、判断力、決定力、優れた情報収集力などのスキルも必要です

説得力、判断力、決定力などを養成するには、意識して実行して深く考えるなど、機会があるごとに意識して練習することが必要です。深く考えて発言するときは、もう一度胸の中に落とし込んで考え、頭の前から話すのではなく頭の後ろから話すように心がけると深く考える練習になります。また、まっすぐに話すのではなく、いったん壁に当てて話すように心がけるとよい練習になります。

④スキルにはリーダーシップ能力も要求されます

リーダーシップ能力には、理念や目標などの方向性の設定、戦略の作成、正しい権限移譲や公正な評価や処遇などがあります。

転職後には、まずリーダーである社長が会社をどうしたいのかをよく聞き、社長の目指す経営の方針を理解することから始めました。それを実現するために私の専門分野である人事戦略を立てました。新しい人事戦略は会社の改革戦略の基礎です。

その人事戦略を全体的な経営戦略に発展させました。当然そこには方向性があり、具体的な戦術も作成し、実行可能なものにしました。幸いなことに役員会で了解されて、会社改革を成功させることができました。

⑤マインドを高めるには、人間的に尊敬されるような行動をすることです

社員から尊敬され、人間的に優れていると言われる人がいます。そのような人は周りへの配慮が行き届き、意欲と情熱があり、判断力に優れています。マインドが高い人とは、通常はコミュニケーション能力に優れており、傾聴能力が高い人です。

4 社員のタイプ

社員のタイプについて、ジョンソン・アンド・ジョンソンの元社長の新将命さんは次のようにタイプ分けをしています。納得できる内容です。

①自分からは動こうとせず、人が引っ張って後押ししてくれれば動き出す人間

社員の80％ぐらいはこのタイプに属します。能力が非常に高いわけではありませんが、仕事はきちんと実行する人たちで、会社にとってはなくてはならない存在です。この80％の社員が奮起すれば会社は発展することになるでしょう。

②自ら火をつける自燃型人間

このタイプの社員は5～7％程度だと思います。この社員は会社を中心になって支えて

います。能力が高く、有言実行タイプのこの社員の中には、上司にはっきりものを言ったり、平気で上司の批判をしたりする人がいます。能力の高い社員ですが、対応を真摯に行う必要があります。このような社員をどれだけ多くもつことができるかが上司の腕前です。それはどれだけ多く育てられるかということです。

自燃型人間のような優れた社員は、上司にずけずけものを言う傾向にあります。転職した「各社で優れた質の高い部下に恵まれましたが、そのうちの一人にははっきり私の欠点を指摘されるなど不愉快なことがたくさんありました。しかし、格別に優秀な社員でしたので、あらゆる反対勢力から守りました。ずいぶんと手を焼いたものですが、その人は最後には外資系の社長から会長にまで登りつめました。

③マッチの擦り方を知っている点火型人間

このタイプの社員は、必要なときに目的達成のために自分の能力を発揮することができます。他の社員を励まし、仕事の仕方を教えることができる人です。すべての人が昇進するわけではありませんが、少なくとも人間的に優れていると言われており、いわゆるメンターとして後輩の指導に長けている人です。

④どうやっても燃えない不燃型人間

過去に仕事に失望して、仕事の達成を諦めている人です。どう説得しても前向きになりませんし、仕事は静かにするのですが、意気投合などはしないタイプです。5％くらいはいます。当然、上司の評価は低く、場合によっては鼻つまみ者になっていることもありますが、この人たちをやる気にさせることができれば、会社にとって大きな戦力になります。

⑤火を消して回る消火型人間

よく古い体質の会社の役員にいます。自分は知らなかったとか、自分を通さなかったなどの理由でその案件を打ち消しにかかる人です。それも陰でこそこそ行動することが多いので、見つけるのは困難ですが、時間がたてばわかってくるものです。

さて、みなさんはどのタイプですか。また、どのタイプの人になりたいでしょうか。

講義後の質問と回答

質問　点火型と自燃型になるためのポイントは何ですか。

回答　点火型は、人を励まし育てるのが上手な人で、自燃型は、戦略的に考え、自分で判断できる人を指します。情報をきちんととらえ、他人から協力を得られるような人になるにはどうしたらよいか考えてみてください。配慮とコミュニケーションが欠かせません。

質問　自分の上司が消火型だった場合どのようにつきあったらいいですか。

回答　上司は権限をもっています。どのような上司でも、信頼されなければ自分の仕事は進みません。自分本位に考えないで、信頼を得るにはどうしたらいいかをこの本の内容をよく読んで考えてください。

質問 自燃型人間はどのレベルで仕事を行う人なのでしょうか。また、努力してなれるものでしょうか。

回答 自燃型とは、自分で判断し、上司に優れた提案を行い、自主的に仕事を進めることができる人です。大切なのは提案の内容です。優れた提案は任せてもらえるものなのです。いつも深く考える努力をすれば自燃型になれると私は思います。

5 自分のキャリア形成をどう考えるか

難しいことですが自分がどの方向に進みたいのかを考えることが重要です。

1 スキルとマインドを高めて自分のキャリアをどう形成していくか

スキルを高めることは、自分で努力すれば、時間はかかるけれど実行は可能です。年数がたつことによって身につく知識・能力もありますので、そのように考えて努力するかどうかで人によって将来的に大きな差が出てきます。

現在は、市場環境の変化が読みづらく、大企業といえども失速してしまうことがあります。非連続性の時代になってきたため、過去の経験が役に立たなくなっているのです。過去の栄光にとらわれて、設備を拡大したり人員を増やしたりして、大きな赤字を出している企業もあります。このようなサバイバル時代には、私たちもシングル志向からマルチ志向へ変え、自分のキャリアもシングルキャリアからマルチキャリアを目指さないと出遅れてしまいます。安定していると思っていても、予期せぬ経営判断で経営が傾き、定年まで勤められるかどうかわからなくなります。

2 社外で通用する人間になり、転職できる付加価値を高める

マルチ志向をするためには、他部門の人や他社の人などとの交流を増やす必要があります。異業種交流会などに積極的に出て、社外の友達を増やすのです。マルチキャリアは会社の中では部門を移動しない限り得られるものではありませんが、どうすれば社外で通用する人間になれるかを真剣に考えることです。自分の付加価値を高めて、いつでも転職できる能力を身につけることが大切です。

採用した管理職で、TOEIC900点の人がいました。どのように勉強したかと聞いたところ、若い頃からロックバンドをやっていて、歌詞でまず英語を覚え、あとは本で勉強したとのことでした。一度もアメリカなどには行ったことがなかっ

た人です。TOEICは勉強だけで900点とれることをこの人が証明しました。

その他、資格を取る方法はたくさんあるでしょう。ただ、目的をもってチャレンジしないとムダになります。

マインドを高めることはより重要になってきます。マインドを高めるのは難しいかもしれませんが、精神修養と思って我慢と配慮で努力するのです。

人の話をよく聞いて、その人に何をしてあげれば喜ぶかなど考える習慣をつけます。大切なのは我慢です。何事にも我慢して時間の推移をみる余裕ができれば、少しずつマインドが高まります。

講義後の質問と回答

質問　社会人になるにあたって一番重要なスキルは何ですか。

回答　何よりもコミュニケーション能力ではないでしょうか。それに加えて問題解決能力も重要と言えます。会社にいると毎日のように問題が発生し、その解決策が求められます。コミュニケーション能力なくして問題解決はできませんが、いくらコミュニケーションができて人との情報交換ができたとしても、肝心の解決策を出せなければ意味がありません。適切な解決策を出してこそ、周りや仕事の仲間からの信頼も生まれ、あなたに賛同してくれる人が増えてくるのです。

質問　社会に出て一番大変だったのは何でしたか。

回答　一緒に働く社員の多様性を理解することでした。学生時代は性格的に優しい人か難しい人かという程度でわりと明確でしたが、社会人になると経験も違いますし、趣味も幅広く、コミュニケーションをとるためにその人の考え方を理解することが大変でした。引き出しをどんどん増やすことにしました。

質問　私はスピーディーに効率的に仕事をすることはあまり得意ではありません。改善するための意識のもち方や訓練方法はありませんか。

回答

スピーディーに仕事をして内容が雑になったりしたら意味がありません。人はそれぞれスピードが違いますから、あまり早さにこだわらない方がいいと思います。仕事の内容を正確に確実に実行することが第一で、確実になったらスピードを上げることを練習した方がいいでしょう。大切なことは、チェックや確認などの行動です。

6 会社が求める国際性とは

今や企業はグローバルな環境と無関係ではいられません。どんな小さな企業でも国際性が求められます。企業が求める国際性（グローバル化）とはどんなものでしょうか。

① 自分の意見をもちそれが表現できる人、クリエイティブで交渉力がある人

日本人は自分の意見をもつ機会に恵まれていません。しかし今や、ビジョンをもたない人は人から信頼されませんし、昇進もできません。何事にも自分の意見をもつ努力が必要です。意見をはっきり言えることも大切です。自分の意見を論理的に話すことができ、その意見がクリエイティブなものでなければなりません。そして交渉能力が高いことが必要です。クリエイティブな意見を明確にもって、表現でき、自分の意見をもとにきちんと交渉ができる人が求められているのです。

② 相手を一人の人間として認める能力や、異文化や多様性を理解する能力

相手を対等な人間として認めることは国際的に活躍する場合の基本です。その国の文化を理解しようとしない人は信頼されません。他国のことを深く理解する必要があります。多様な事柄や考え方を理解する能力も大切です。

③ 日本の歴史を理解しており、日本語の読解力に優れていること

外国に行ってまず困るのは、日本のことを歴史から日常生活まで質問されてもきちんと英語で答えられないことです。日本人はあまりにも日本のことを知らなすぎると思います。よく知っていることなので答えられるように思いますが、英語で論理的に説明できるほどには理解していないのです。日本人は新聞を読んだり本を読んだりする機会は多く、文章は理解できますが、読解力というのはただ読むだけでなく、文章の奥にある深い思想や著者の考えを読み取ることが必要なのです。

④ 英語は優先順位一番ではないが……

話すことができなければ何も始まりません。特に、聞くことができなければ会話が始ま

りません。英語ができなくても、話す度胸があれば身ぶり手振りでも会話することはできます。日本人は、他の国々の人と比べて、入試などで読むことと書くことはよく勉強しているので、自分から構文を考えて表現することはかなりできます。しかし、しゃべれても聞き取れなければ会話は進みません。

外資系企業に入社して初めは営業でしたので英語は関係なかったのですが、本社に転勤になって必要に迫られて勉強を始めました。苦労しましたが、そのうち英語の会議でも困ることはないようになりました。みなさんもなるべく若いうちから英語で会話ができるように勉強を始めた方がいいと思います。英語だけでなくどの国の言語でもいいのです。早く始めた方が勝ちです。

⑤英語はTOEIC800点ぐらいは目指したい

目標があった方が勉強に身が入ります。TOEICを初めて受けると結果は300点台だったりと、あまりの低さに愕然としますが、めげることなく勉強を続けてください。800点ぐらいまでなら自分で勉強するだけでとれます。今は勉強する資料もたくさんありますので、自分に合った方法を考えてください。

講義後の質問と回答

質問 英語をどのような方法で身につけたのですか。やはり海外の人と積極的にコミュニケーションをとることが一番なのでしょうか。

回答 英語のみならず、外国語習得において最も重要なことは時間の長さだと思います。どれだけ時間をかけるかで数か月後、数年後の効果はまったく異なってきます。ネイティブスピーカーと会話をすることが上達の近道ではありますが、日本にいながらいつもそういった環境をつくることは困難です。私の場合は、まず新聞を英語版で読むことを心がけています。日本やアメリカ発信の重要な情報、新しいニュースも英語版の新聞で確認するようにしています。日本の大手新聞社の英字新聞でもいいですし、ウェブ上で簡単に読むことのできる英語圏の新聞でも構いません。毎日、10分でも20分でも続けて読んでみてください。それから、もうひとつお勧めしたいのが、アメリカやイギリスの映画やドラマを観ることです。人間関係や社会の中での出来事が英語で展開されていく中で、さまざまな状況から独特な言い回し、新しい表現を学ぶことができます。私もアクションやSF系のものが大好きですが、ファミリー、コメディーなどのジャンルの映画やドラマは会話が多いので、英語の習得には適しているかもしれません。

質問 TOEICでは高得点がとれるのですが、留学生との会話がうまくいきません。英語が口から出てきません。どうすればいいでしょうか。

回答 まず慣れることが大事でしょう。TOEICで高い点数がとれても、自らしゃべることを繰り返しトレーニングしていなければ、英語が自然と口から出てくるようにはなりません。流ちょうに話す必要も、文法に忠実な言い方をする必要もありません。相手の質問や会話の流れにどのように答えるのか、会話の流れをつかんでいくかがカギとなります。いろんな状況での会話を想定して練習するしかありません。もうひとつ重要なことは幅広い知識です。英単語がわかって聞き取れたとしても、話の内容が理解できなければ次の話につなげられず、会話になりません。普段から自分の専門分野以外の話題を知っておくことが重要なポイントです。歴史、スポーツや文化など話題にも触れて、留学生や周囲の外国人との会話をより楽しみ、多様な文化に慣れましょう。会話のリズムがきっとつかめるようになります。

7 企業が求める人材とは

企業が求めている人材とはどんな人であるかを理解することが重要です。

1 アエラの調査による人材像

アエラの2010年2月号に、中堅社員に企業が求める人材像についてのアンケート調査が掲載されました。「これまで社員に求めていた能力」、「これからの10年で社員に求める能力」などの設問に対し、主要企業約90社が回答を寄せました。そのどちらもトップ3は「実行力」、「主体性」、「課題発見力」で変化がみられなかった一方、「業務知識・経験」が激減し、「論理的思考力」が目立って増加しました。

要約すれば、企業が求めているのは「知識や経験よりも、柔軟に対応でき、課題を発見して、論理的戦略的に考え、統率力をもって確実に実行する人」ということです。

2 今企業が求めている人材とは

① 職務の完遂に役立つ問題を解決する能力をもっている人

上司や同僚部下にいつも配慮し、他人の抱えている問題を理解し、自分に何ができるかを考えることができる人です。

② 組織を構成する人たちの仕事の相乗効果を生み出すことができる人

他人の意見によく耳を傾け、総合的に仕事の構成を考え、人を巻き込んで目標を達成することができる人です。

③ 情熱的で、ビジネスコミュニケーションに優れ、スピーディーに効率的に仕事をする人

説得力があり、相手に自分をよく理解させ、納得させて、効率的に仕事を進めることができる人です。

8　面接をうまく乗り切るには

面接は入社の必須条件です。しかし、面接なんて普段通りしていればいいやと思っている人も多いのではないでしょうか。履歴書を魅力的なものにすることや面接の真髄を把握しておくことはとても重要です。面接のポイントをよく理解して準備しましょう。

1「本当の自分とは何か」を分析する
――自分の得意な能力や知識・経験を分析します

自分はどんな人間か考えたことはありますか。判断力、決定力、説得力、創造力、交渉力、組織企画力、問題解決力、コミュニケーション力など自分の能力の棚卸しをしてみるのです。自分の夢は何だろうと考えるのです。もし何もないとしたら、どんなことをやりたいのか、どんな仕事をどうやりたいのかを考えるのです。どうせ自分なんかとあきらめないで、自分を信用して、自分の長所はどこにあるのかを考えてみてください。整理した自分の能力を、例を挙げながら説明できるようにしておくことです。整理するプロセスが、面接のときに有効に作用します。

2 履歴書がいかに重要かを認識する
――履歴書が魅力的でなければ面接には進めません

履歴書をいいかげんに書く人は多いと思います。どうせみな同じようなものになるだろうし、自分には書くほどのものはなさそうだと思っていませんか。

面接してみようと企業の人事担当者が思えるような履歴書が必要なのです。現在は履歴書の選別は専門の業者にほとんど任せられていますが、その専門家が見てこれは残そうと思うような履歴書を書くのです。卒業学校名以外に書くことといえば、学生の場合は部活動かアルバイトや学外の簡単な活動ぐらいしかないでしょう。部活動やアルバイトについて、ただ単に事実だけを書いている履歴書がほとんどですが、そんな履歴書は魅力的ではありません。例えば部活動であれば、活動に工夫した内容や、自分が部や部員に貢献した内容を書きましょう。成功、貢献、達成などで締めくくる文章にするのです。自分が苦労したことや失敗したことをどうやって解決したのかを書くと、履歴書が魅力的になります。人間性を表に出すのです。何をしたかではなく何を達成したかを書くのです。

例えば英検2級を取得したとしましょう。ただ取得と書くだけでなく、どのような考えで英検を勉強したのか、今後どうしたいのかなどを書いてみたらいかがでしょうか。趣味も、硬式テニスや音楽鑑賞といった素っ気ない書き方をしている人が多いと思います。音楽鑑賞なら、ロックかクラシックかなど具体的に面接官が話題にできるような内容にするべきです。魅力的な履歴書が採用の重要なポイントです。自分の長所を3つ以上用意し、短所も2つ挙げることです。短所は考え方によっては長所と思えるように工夫することです。例えば「自分は時々早とちりをして他人に迷惑をかけることがあるが、決断したり結論を出すのが早いからである」など、よく考えて事前に用意しておくことです。

3 面接は何のために行われるのかを理解する
——能力、人格、本人の興味の3点で採用の資格を満たすかどうか

面接の目的のひとつは、採用候補者が自社の組織に適合できるのかを見ることにあります。うまくコミュニケーションがとれて、他の社員にもいい影響を及ぼすことができるかどうか

を判断します。能力は経験と知識を含みますし、人格は性格や会社への適応性です。興味とは本人の価値観、熱意、やり甲斐等をどのようにもっているかで判断します。

面接官は話の内容から能力や人格や興味を判断します。いいかげんな受け答えは不利益になりますので、はっきりと自分のことを話せるよう練習しておくことをおすすめします。話し方から知性や論理力や説得力を判断しますので、自信なさそうな話し方は一番いけません。自信をもって論理的に面接官を説得するぐらいに話した方がベターです。話す声から真実かどうか判断します。声は明確に、肚の底から出すように発声するなど訓練した方がいいと思います。面接のために自分で訓練している人は少ないかもしれませんが、面接官は姿勢や顔つきから精神力や情熱を判断します。話は情熱をこめてひたむきに、自分を採用していただきたいとの気持ちで行うのです。普通はここまで考えないものです。考えて練習した効果はきっとあるはずです。

4 面接官のタイプを瞬時に見極める

面接官は、面接を始める前に自分の所属と役職名を面接者に告げるものです。以下のことを事前によく頭に入れて、職種を聞いたらすぐに反応できるようにしておくのです。

技術者や経理・財務関係者はシステムやメカニズムに関心をもっています。このような人には数字をなるべく使用して、自分は計画力や分析力が優れていると説明します。

調査・商品開発・マーケティング関係者は革新的な内容や新しいアイディアなどの発想を好みますので、自分は企画力、創造力、現状変革力に優れていることを強調します。

営業、人事関係者は人間関係に興味がありますから、判断力や感受性を強調するといいと思います。

事業部長、購買部長などは担当直入で明快で簡潔な会話を好みますので、自分は率先力や決断力に優れていることを話すのです。

講義後の質問と回答

質問　面接の質問は3分か5分で答えなければいけませんが、企業は人材をそんな短い時間で判断できるのでしょうか。

回答　面接の答えが5分以上かかるということは、自分の考えを整理していないということになります。話し方、声のトーン、内容、態度で判断しますから、面接官としては3分間話してもらえば判断はできます。

質問 集団面接で主導権を握るためにはどうしたらいいでしょうか。

回答 質問には先に手を上げることは有効です。会社によっては学生同士で議論させることもありますが、そのときは相手の言い分も認めながら論点を明確にしてきちんと主張することです。ディベートは一種のゲームと思って、感情的にならずに行うようにします。

質問 面接で会社は候補者のどの部分を見ているのでしょうか。

回答 この候補者が入社して社員とうまく適合できるか、将来会社の重要な役割を果たしてくれるかどうかを見ます。

第3章　外資系企業への挑戦と転職のすゝめ

日本の企業は、以前ほどではありませんが年功序列や学歴の壁があり、女性の昇進に厳しい現実もあります。そこで、人生へのチャレンジを考えて外資系企業を選ぶ人もいるでしょう。外資系企業は個人の相性の問題もありますが、もし自分の価値観が合えば、日本の企業で働く場合とはまた違った充実した人生が送れると思います。

1　外資系企業で働くメリット

①業務の達成や会社への貢献が評価の対象

能力を十分発揮して業績を上げ、業務を達成することが評価の対象になります。若くても、業績をあげれば機会が次々に与えられます。

私が最初に転職した外資系企業で係長になるまでにいかに苦労したかはすでに述べましたが、本社に課長として異動して10年後の広報室長のときにまたその営業部門に戻ったのです。その営業部の売り上げが落ちて退職する社員も増えたので、戻って立て直すようにとの社長の命令でした。それで、今度は一番上の事業部長として、以前の上司がまだ全員残っている部門に異動したのです。これは外資系企業ならではの思い切った抜擢人事でしたが、事業部のみんなの強力なサポートをもらって、在任中は毎年売上は10％、利益は15％伸ばすことができました。部門の再建を5年間で果たして、また人事担当役員として本社に戻りました。

ただし、もちろん業績が第一ですが、何が何でも成果さえ上げればいいという段階は第一線の時代です。管理職となり、部下が増えるに従って、部下をどう育てて成績を上げさせるかが問われるようになってきます。そのような場合の評価には、二次的ではありますが年齢や学歴、社歴が影響を及ぼすこともあります。

②評価がダイレクトに昇給・昇進に結びつきます

成績を上げた結果はきちんと評価されます。そして評価は公平です。評価されるということは、給与に跳ね返るだけでなく、昇進・抜擢にも結びつきます。自分が納得するだけの内容があります。

③高収入が得られます

外資系の企業は一般的に日本の企業よりも給与が高い傾向にあります。報酬はポジションによって決められていますので、年齢や入社年数や学歴とは関係ありません。幹部になるとそれにプラスしてストックオプションがつく場合があるので、会社が発展していれば退職時に規定の退職金以外に収入が得られ、思いがけない資産形成が可能になります。

④企業理念や倫理観がしっかりしています

日本に進出している企業は、どの外資系企業も明確な企業理念をもっており、それを実現しています。倫理観もしっかりしています。経営理念の最初に株主への貢献と書かれている企業が多いのですが、オーナー企業の中には、最初に社員や消費者を置くというケースもあります。

最初に転職した外資系の会社は経営理念が他社と違っていました。オーナー企業だったので、経営理念にはまず社員があり、次に消費者があり、株主は最後でした。

経営理念の中で、利益の5%を社会貢献に使用するという項目もありました。それは日本でも実行していました。家庭の主婦15人が全額会社負担でアメリカに2週間滞在し、アメリカの進んだ家庭生活を見学するという社会貢献のプログラムを11年間続けました。また、工場がある町の地域社会に新聞を発行したり、小学6年生対象の無料の英会話教室を開くなど、地域に溶け込んだ活動もしていました。当時、外資系でこのような社会貢献活動をしている会社は、日本にはほかにほとんどありませんでした。

日本の企業では、革新的な行動や自己主張は控えめにする方が高く評価されます。会社も全員が同じ発想をすることを好みます。一人だけ違った行動をとれば「出る杭は打たれる」のとおり、叩かれたり足を引っ張られたりということが起きるのです。しかし、外資系企業では、人間関係は日本の企業のように難しくありません。極めてシンプルです。公的な時間と私的な時間ははっきりと分かれており、休日出勤など、休みの日に仕事をする習慣はなく、当然ながらサービス残業もありません。上司の家に正月に挨拶に行ったり、草むしりの手伝いをするなど、業務以外で個人的にサービスをすることはありません。

⑤英語が身につき、グローバルな視点がもてます

外資系の会社では、各部門は、日本の上司に報告すると同時に、外国本社の担当ディレクターなどとドットラインで報告の義務があります。例えばマーケティングや経理財務などの担当者は、上司である日本の部長への報告を行い、そのうえ本国の担当者と頻繁に連絡を取り合うという関係になります。そのため、ポジションにもよりますが英語は必須です。特に幹部になれば外国本社でのプレゼンテーションも必要になるので、英語の能力が重要になってきます。外国に住まなくても、外国本社に行く機会の多い人は自然に英語が達者になります。日々の業務でも世界経済の情勢が反映されますし、英語でレポートを書く機会や電話で英語を使う機会が多ければ、自然にグローバルな視点が身につきます。

⑥日本文化が再発見できます

外国人と話していると、自然に日本のことを理論的に説明する習慣がつきます。結果的に日本文化の再発見につながります。

⑦ 女性に優しい職場環境です

日本の企業の中には、女性の仕事は基本的にサポート業務で、男性の手助けに専念するようなケースもみられるのですが、外資系の企業では、男女平等は当然のこととして、女性にも責任の重い仕事が任せられます。部下や女性が上司になることもあり得ることから、社内では部下でも男女を問わず「さん」づけで呼ぶことが慣習になっている会社もあります。少なくとも「チャン」づけで女性を呼ぶことはありません。結婚しても、日本の企業のように退職を求められるような雰囲気はありません。一般的に女性に優しく、例えばエレベーターに乗るときは女性は優先されます。女性に優しい環境と言えます。

2 外資系企業で働くデメリット

一方で、外資系企業で働くデメリットもあります。これをよく理解して対応した方がよいと思います。働くには相性が大切ですので、何が何でも外資系と考えずに、自分の性格をよく見極めて選ぶことが大切です。

① 経営者が短期志向

経営トップはどうしても短期間で業績を上げようと考える傾向にあります。特に社長が外国人の場合、その傾向は顕著です。融資を受ける際には本社の応援を得られるというメリットがある一方、内部蓄積よりも、株主配当を重視する傾向にあります。

②雇用が不安定と一般的に思われている

外資系企業はすぐに社員を解雇すると言われていますが、日本にある外資系企業で外国なみの方針をとっている会社はほとんどありません。なぜなら、日本の人事慣行を守らないと社員の採用ができなくなるからです。ただ、実績があがらなければ降格や減給ということがあり得ます。外資系の企業は、日本の商習慣を守りながら、日本のビジネス慣行を維持しようと考えて経営しているのが普通です。

③日本の事情への理解度が低い

特に社長が外国人の場合は、日本の事情を理解しないまま経営をすることがあります。日本の人事制度をしっかりと理解してもらわないと日本でのビジネスはうまくいかないので、直属の部下が思い切ってアドバイスをするなど日本事情を説明する努力が必要です。機会あるごとに話し合い、場合によってはプレゼンテーションをするぐらいまで考える必要があるときがあります。

④外国本社で決定する会社は決定が遅い

重要な決定は外国本社で行う会社があります。日本の社長で決定できるようにルールを定めている会社は問題ありませんが、何でも外国本社におうかがいをたて、日本で決定できない社長もいます。決定は本社の担当副社長が行うので、その人の外出やさまざまな理由で遅くなり、かなり時間がたってからやっと日本に連絡されるということがよくあります。その結果、ビジンスチャンスを失うことがあります。

一般的に、外資系企業ではポジションに応じて決定できる金額が決まっているので、その範囲内なら直属上司のサインだけですべて執行され、決済が早くて仕事をスムーズに進めることができます。多くの管理職の印鑑が並ぶということはありません。

私の発見（外資系企業4社に勤めた経験から）

①外資系企業には外国人が少ない

いろいろな理由から外国人を日本に置かない会社もあるのです。外国人は住居から給与まで日本人以上に費用がかかるので、日本人とのチームワークの観点から難しいと判断されているケースもあります。私が勤めた外資系企業では外国人は1人か2人でした。それも研修目的で派遣されたケースもあり、しかし、日本の商習慣や制度を理解するまでに最低1年ぐらいはかかっていました。しかし、日本の若い人でもほとんどＭＢＡ取得者で、とても優秀でした。30歳代前半で50歳ぐらいの思考力と判断力をもっていました。

②外資系企業は冷たいのではなく公平なのです

外資系企業は業績を公平に評価し、必要とあれば若くても抜擢します。そのかわり業績が上がらない場合は降格もあり得るのです。成果を上げた人には報い、成果を上げられなかった人にはそれなりに評価するという立場で、合理的に公平に判断しているからで、決して冷たいわけではありません。

③英語を話せる管理職が意外に少ないです

英語が必要でなかった会社からの途中入社で、外資系企業に入社してから英語の勉強を始める人が意外に多いようです。もちろん外国の大学を出たり、MBAをもっている日本人や、英語に優れている人の転職も多いのです。私も36歳で外資系企業に転職して、英語は営業では必要でなかったのですが、本社の課長になったときに必要になり、40歳から勉強を始めました。

④チームワークが日本の会社以上に要求されます

個人で独立して行う業務以外は課ごとや部ごとの成果も問われます。部門間だけでなく、部門を超えたコミュニケーションも要求されます。チームワークは日本企業以上に求められ、それが評価の対象になります。

⑤福利厚生制度は日本の会社と同じです

就業規則やその他の制度を日本の人事制度に合わせてつくっているので、福利厚生は日本の会社と同じです。日本の会社の制度よりも優れた福利厚生制度をもっている外資系企業もあります。私が勤めた外資系企業は、当時日本でも数少ない連生年金制度や終身年金制度、社員の子弟の奨学金貸与制度や社員の不慮の死亡時に45か月の生命保険を用意するなど、当時の企業がほとんど導入していなかった優れた人事制度をもっていました。

3 外資系企業で成功するには

①外国人と話すときの内容とアピールの仕方を工夫

相手の立場に立ってものごとを考えないと、コミュニケーションがとれません。傾聴能力も必要ですし、自分の主張ははっきりと伝えないと理解されません。相手の目を見て肚からの声で話すのです。

外国人はディベートに慣れていますので論理的に議論することが必要です。感情的にならずに議論することが大切です。幹部になれば本社への出張も多くなり、当然のことながら語学力が高くないと議論はできません。

②国際的な視野が必要

常に国際的な視野に立って話し合うことになるので、世界の経済状況をよく知らないと議論できません。常に幅広い知識を仕入れることが必要になります。グローバルな視野は、外資系企業にいれば自然と身につくことでもありますが、普段から勉強を怠らないようにすることが必要です。

③コミュニケーションを良好にする

コミュニケーションをきちんととらないと信頼来関係が築けないのは、日本の企業よりも厳しいかもしれません。メールにすぐに返事をするなど、律儀にコミュニケーションをとることが必要です。

④理論的具体的で数字の裏付けが必要

数字を交えた理論的な会話を外国人は好みますので、常に論理的な会話ができるだけの考えをもっておくことが必要です。いいかげんに話さないことです。

4 転職はもう他人事ではない

転職はもう他人事ではありません。いつ自分に振りかかってくるかわかりません。入社3年で新卒の33・4%が転職すると言われています。小さな会社ほどこの傾向は強まります。一生ひとつの会社に勤めたいという人は33%しかいないという時代です。また結婚して子育てが終わって再就職しようと思っている方もいると思います。転職にもコツがあります。

1 終身雇用・年功序列の崩壊、会社の業績低迷、自分のやりたい仕事ができない
――大企業でも成果主義、実力主義の評価を導入されています

今や大企業といえども終身雇用・年功序列はなくなりつつあり、成果主義が導入されて、平等に昇給することは姿を消しつつあります。年功序列がなくなれば若い人には有利と言われていますが、その中で成績を上げるのは大変なことです。

入社した会社が予想もしないような業績低迷に陥って倒産することだってあり得る時代になってきました。入社したときに約束された仕事が何年たっても実行されないといった状況が生まれてきます。業績が上がらないので会社の組織が広がらないからです。企業を自分で起こすことができる人は別にして、うまくいかなければ転職したいと思う人がでてきて当然です。また、さまざまな理由から休職していて再就職したいと思う場合もあるでしょう。

2 新卒と転職の違い

新卒は社会経験がない学生なので、丁寧に会社の内容・職種や業界のことを説明してもらえます。転職すると即戦力として仕事の能力が問われるので、自分の能力を論理的に説明する必要があります。

採用担当者は志望動機や経歴などを重視します。特に自社に適応できるかが重要な判断基準になります。他の社員と十分なコミュニケーションが取れ、社内でいい影響を周りの人たちに与えるかを考えます。判断されるのは能力と人間性です。自分を商品だと考えて、転職の目的と志望動機を明確にするのです。職務経験やその会社に入社したい意欲を強くアピールすることです。自己ＰＲも上手にしなくてはなりません。

退職の理由も当然聞かれます。退職理由をうまく言えないと、この人はまた短期間でやめるのではないかと思われてしまいます。前向きの説明を事前に準備しておくことが必要です。たとえ2年間の職務経験でも、職務経歴書にきちんと書くことが必要です。その書き方が重要です。書き方は年代式とか逆年代式とか能力別に羅列する方法などありますが、経歴書は新卒のときに書いた履歴書とは異なり、自分の経歴を「何をしたか」ではなく「どのように行ったか」を書くのです。転職の場合の経歴書は重要です。

3 転職には自分のキャリアプランとビジョンが必要

自分のキャリアプランが問われます。転職してどのような仕事をしたいか、将来のビジョンは何かなど、キャリアプランをもつ必要があります。

転職を機に、自分をまた新しく成長させたいと思うことも大切です。日ごろから自分のしたい仕事の内容と、それをどのように発展させたいかといったキャリアプランをもっておかないと、転職の方向性が定まりません。入社さえできれば仕事の内容は問わないというのは、高年齢の再就職です。自分のキャリアプランに沿った転職を考えることが大切です。

最初の転職のときはどの職種を選ぶかなどの贅沢は言っていられませんでした。やっと紹介された会社で、「初めは営業」と言われたときには、自分の得意の分野だったので、「これはできる」と思いましたが、現実は厳しいものでした。それは商品が売れないということでした。

4 求人情報をどこで探すか

インターネットの求人サイトなどで探すことには慣れていることと思います。新聞・雑誌の求人広告には大手企業の情報もあります。直接企業のホームページを見て求人情報を探すという方法もあります。人材斡旋会社に登録しておき、自分の希望職種の案件が出たら紹介してもらう方法もあります。人材斡旋会社には未公開の求人情報が多くあります。人材斡旋会社はどんな都市にでもありますが、会社には優劣はありますので、登録したときの対応を観察して判断するのがいいと思います。案外重要なのは知人友人からの情報です。現在職探しをしていることを知人友人に伝え助けをもらうのです。

4 転職は
もう他人事ではない

最初に勤めた出版社が倒産すると予測して（実際に4年後に倒産）、14年勤務後の36歳で転職しました。当時、転職はほとんどなかった時代で、なかなか転職先がみつかりませんでした。高校の同窓会で隣にいた友人に転職したいと伝えました。その友人の紹介で、幸いにも外資系のワックスメーカーに転職できたのはラッキーの一言でした。転職できたものの、初めはその営業は1日15軒飛び込んで一斗缶（20キログラム）のワックス缶を売るというものでしたが、3か月間に800軒まわっても1缶も売れませんでした。これでは親子4人野垂れ死にかと思ったほどでした。私も必死でしたので、営業の方法を工夫してドラスティックに変えたところぼつぼつ売れるようになり、やっと予算を達成でき、それからは順調で7か月後に係長に昇進しました。これでこの会社に今後も継続して勤めることができることになったと思い、親子が路頭に迷うことはなくなってほっとしました。またそのとおりになり、この会社に23年間、定年まで勤めることができました。

講義後の質問と回答

質問 転職がなかった時代に転職を多く経験してどんなメリットがありましたか。

回答 転職した各企業で優秀な人と知り合えたというメリットがありました。今でもその人たちと付き合っていますし、転職の相談に乗っています。また、まったく異なった業界を経験して広くビジネスを見ることができたことは、とてもよかったと思っています。

質問 転職してどのくらいで実績を出さないとならないのでしょうか。

回答 できれば3か月以内で最初の成果を上げる努力をすれば信頼されます。

転職した会社では、いずれも3か月以内に結果を出すように努力しました。特に外資系企業でははっきり短期間で達成するという目的をもって仕事をしました。まず問題点を洗い出して、解決の戦略と戦術を1か月でつくり、プレゼンテーションをして経営陣に理解してもらい、即実行しました。3か月で結果を出すようにしたのは採用後の3か月間の試用期間中に計画を立て、結果を出すことが必要と考えたからです。今までこのような短期間で結果を出した人はいなかったので、それだけで高く評価されました。

終章　グローバルな観点からのコミュニケーション

本章では、グローバル人材としてもっていただきたいコミュニケーションについて述べます。この章は、九州大学カリフォルニアオフィスの所長を2014年3月までの10年間にわたって勤められた松尾正人さんと私、姜益俊の持論や意見を基に記述しています。

1　グローバルな観点からのコミュニケーション

松尾正人さんは、今まで10年以上の間、カリフォルニア州サンノゼ市を中心とし、主に九州大学の学生の英語、多文化および起業家精神教育に深く関与している方です。ニューヨーク市において企業の駐在員として新規事業探索やジョイントベンチャー、共同マーケティング、共同研究など、あらゆるビジネス分野での日米交渉に主体的に立ち会ってきました。その間、日本からの多くの出張者と行動を共にしてきたと思います。その出張者の方々とともにアメリカの会社を訪問したり、契約の交渉をしたり、共同マーケティングをしたりしている中で、日本人は共通してビジネスコミュニケーションに問題があることに気がつきました。そして、この問題を解消することが日本人のグローバル化に必須であると強く感じてきたそうです。それを目的として約10年前から九州大学の学生のグローバル教育を開始し、専念してきたのです。

松尾正人さんと私とは、九州大学で全学教育として行っているビジネス授業を一緒に担当し、さまざまな大学教育の国際化プロジェクトを通じて共同で仕事をした仲で、若い学生のグローバル化、人材としての育成についていつも考えているパートナー的な存在です。松尾さんの経験に比べると短い期間ではありますが、私も海外での仕事の中で、彼と同じような経験をしたことが少なからずあります。アメリカのみならず、グローバル社会で仕事をするためには、「グローバル人材が備えるべき資質」のようなものを心得ていることが必須であると思っています。

本書は、日本国内の組織の中で、どのようにすれば、効果的かつ実践的なコミュニケーション能力が身につくかについて書いてきました。グローバルな観点からビジネスコミュニケーションを考えると、日本は非常に特殊な文化をもち、独特なコミュニケーションのルールやツールをもっていると言えるでしょう。しかし、そのコミュニケーションは日本国内では通用するけれども、海外のビジネスコミュニケーションとしては不十分である可能性が高いのです。

いったん海外に出ると、ビジネスコミュニケーションの要求はまったく異なってきます。海外での仕事に、外国語を話せることは基本条件です。しかし、外国語、特に世界の共通語である英語を話すことができたら、それでグローバルコミュニケーションが叶えられるというわけではありません。グローバルな社会で必要なコミュニケーションをとるには、まず自分自身をその社会の中で認知してもらう必要があります。英語を話す前に、あなた自身を認めさせるコミュニケーションを成立させることも大事でしょう。

海外でのコミュニケーションの難しさは、言葉以外のところにあります。単なる情報交換をしたいのであれば、英語ができれば可能なのですが、意味のある議論、相手にインパクトを与える議論、その議論の中からソリューションを見つける交渉、さらに重要な情報を入手したり交換したりするような深い内容になると、英語ができればよいというものではありません。情報収集を行うにあたっては、まず相手に好感をもってもらうことや、お互いを尊重するような話ができることによって、あなたという人間を認識し、覚えてもらうことが、何よりも重要なことです。このステップができていれば、必要な情報がわりと容易に入手できるようになるのです。コミュニケーション一つでいい人間関係を築き上げ、その後も長く情報交換できるようになります。また、交渉においては、お互いに人格を認め合って交渉を進める必要があります。そのような環境をつくることが、よりよい結果を生むのです。

では、具体的にどのような力をもてば、相手に好印象を与えられるのでしょうか。どうすれば相手に認識され、覚えてもらい、尊敬されるようになるのでしょうか。それはコミュニケーションの質にかかわってきます。何気ない季節の会話や誰でも話せるような話題では相手の印象にも残らないし、尊敬には程遠いのです。日本では「グローバル人材」とか「グローバルコミュニケーション」と言うと、「英語を流暢に話せる人」との認識がありますが、英語ができるだけでは十分ではないということは多くの方が述べられていますし、松尾さんも私もそれを強く実感してきました。そこで、グローバル社会で必要な資質、能力を以下にまとめてみました。

2 「発言力」と「見識力」を養おう

幅広い知識は必要ですが、それだけでは不十分です。もっている知識に自分の意見を乗せることで、これが「見識力」へと変化するのです。今は少しずつ変わってきていますが、日本では自分の意見を強く出すことがよいことと考えられない風潮があります。日本文化の特徴でもあり、美点でもある和を重んじる環境の下では、個人の意見を主張することは受け入れられないのです。特に、若い人は自分より年上の人の前ではできるだけ意見を言わないようにすることを、暗黙の了解として教えられてきました。子どものときからこれを習慣として育てられる人もいるようです。親の言うとおりにしておけば波風が立たないことに早くから気がつくと、学校でも、友達の間でもそれが習慣となって周りに合わせる人間になってしく子どもも多いように思います。大学生になっても、何かしようとするときにまず周りを見渡して、これをすれば周りが何と言ってくるかを常に考えてから行動する学生も少なからずいるように感じます。つまり自分の存在感、意見をなるべく出さないようにして過ごすことが大事だという生活の知恵を、いろんな場面で学んできたのではないかと思います。会社という組織においても、会議というのはみんなの知恵を合わせてベストの解を生み出そうとする場ですが、そのような会議は極めて少なく、決める方向はすでに根回しによって大体決まっていて、それを確認するだけの場になっていることが多いように思います。そのような会議で意見を述べ、決まりかかったことと反することを言い出すと、「あの人は今さら何を言うのか、空気を読んでくれよ！」と思われがちです。つまり、子どもの頃だけでなく、学生になっても、社会人になっても、自分の意見を強く出す機会が少なく、そのうちに考えることもしなくなる人が多いのではないでしょうか。

ところが海外に出ると、自分の意見をもたない人、自分の意見を出さず、主張しない人は、その人の存在自体が無視される気がします。松尾さんのご家族で面白い逸話がありました。松尾さんの3人の息子さんは幼稚園から大学までアメリカの学校に通ったのですが、次男が中学生のとき、日本文化のよいところを教えようと思って、松尾さんが「我慢」と「生意気」という概念を教えたそうです。「我慢」はもちろん大抵のことは我慢してやり遂げるということのほかに、人から無理なことを言われても我慢して耐え抜くということもあります。また、「生意気」は長幼序ありということです。身近では兄を尊敬するということ、学校では先輩を尊敬することになります。そういうことを教えた後、次男は3か月ほどして「Dad, it did not work!!（パパ、それは通用しなかったよ！）」と帰って来て文句を言ったそうです。「我慢」に関しては、我慢すると「あいつは何をしても文句を言わない」ということが知れ渡り、言うなれば誰もが彼に対してどんどん勝手なことをするようになったそうです。また、「生意気」という概念は彼らの間では通用しないそうです。「お兄ちゃん」という概念もないし、みんなファーストネームで呼び合うし、上下関係はまったくないので、「生意気」を意識すると誰も相手してくれなくなる、ということでした。

アメリカで仕事をしたり交渉をしたりするとき、自分の意見をはっきり言うと尊敬されることに気がつきます。例えば、松尾さんはある時期、ある化学品の新しい用途を探していました。いろいろな会社を訪問して、担当者にその化学品のこれまでの用途や化学反応の可能性など、調べたことを話して、何か新しい用途に気がついたら教えてほしいという話をしました。ところが、それだけで終わるとその後の展開もなく終わりますが、「この新しい用途が見つかると、このビジネスが今後こうなると思う」という主観を話すと相手がびっくりして傾聴する姿勢を見せてきたそうです。また、その後の昼食時の会話では日本の文化についていろいろな話をし、その後で自分なりの見方を話すと、非常に関心をもってくれることがわかったそうです。こうなると相手のアメリカ人は、「面白いやつだ」「もっと話が聞いてみたい」という感覚で、親近感を覚えてくれたと松尾さんは言っています。これがその後の仕事に大きなプラスになることは言うまでもありません。

私はまったく同じ経験で失敗したことがあります。カリフォルニア州のある水道局関係者に水質監視の製品についてプロモーションをしてから、昼食を一緒にとることになりました。最初は、ビジネスの話題が続き、盛り上がりました。しかし、少したったときでしょうか、突然、彼が私に次のような質問をしました。「君は、日本に住んでいる韓国人として、日本、韓国、北朝鮮の関係をどう思っているか?」。正直に言うと、何と答えていいのか、わかりませんでしたし、慌てました。はっきり覚えていませんが、ちんぷんかんぷんな答えをして、その担当者はすっきりしない顔をされていました。そのせいかどうかわかりませんが、その相手とのビジネスの話はうまくいきませんでした。その出来事を通じて私は考えました。仕事に行ったからといって、仕事の話をべらべら喋るだけでは、全然コミュニケーションが取れたと言えないのです。ビジネスに関する話題はきちんと知識をもって、説明ができ、回答できないといけませんが、それに加えて社会、経済、スポーツなどの一般的な話題にもついていけないと、コミュニケーションは成立しません。この出来事から深く反省して、専門分野以外のいろいろなジャンルの本を読んだり、新聞や雑誌を読んだり、異分野、異業種の人との会話をできるだけ増やしていくようにしてきました。その1年後、今度はアメリカのジョージア州のある研究機関へ売り込みをかけていました。担当者は非常に親切な方で、はるばる日本から来た私たちを夕食に招いてくれました。そこで、最初は夕食を楽しみながら、ビジネスのこと、主に製品の話や、会社でのことを話し合っていましたが、夕食が終わり、ビールを片手にして、スポーツ観戦が始まりました。すると、日本ではどんなスポーツが流行っているのか？　ルールはアメリカと同じか？　など、多くのことを質問されました。もちろん、すべて正確に答えたかはわかりませんが、ほとんど回答し、私の意見まで述べると、その担当者は非常に満足した様子でした。最終的に、その研究機関に私たちの製品を納めることに成功しました。

「和」を重んじ、自分を抑えて仕事をするという考え方は日本では当たり前ですが、日本の外に出てそのまま行動すると、それは無能と見られることが多々あります。自分の意見をもたない、言わない人はいわば「Nothing（無の存在）」なのです。日本からアメリカに出張したあるビジネスマンの話です。彼は英語がよくわからないところもあったかもしれませんが、ミーティングの間、腕を組み、相手の顔をにらんでほとんど口もきかずに座っていたそうです。ミーティングが終わると、相手の人が私のところに来て「もしかしたら誰々さんは病気ではないか、うちの会社によい医者がいるので診てもらったらどうか」というようなことを言ってきたのです。冗談のようですが、実際にあった話です。これはアメリカに限った話ではありません。台湾や香港、シンガポールなど、アジアの国々に仕事で訪れても、同じようなことがありました。アジアのビジネスの現場で複数の人が話し合う場合、最初は気遣って、みんなの顔を見て話してくれますが、意見を述べない人には、途中からは目もくれず、会議を進める傾向があります。完全に存在が除外されてしまっているのです。しまいには、一言も言わない人が上司なのに、相手が私との間で結論を出そうとして、困った経験もあります。

要は、グローバルな社会では、自分の意見を述べる「発言力」が必要であり、強く存在をアピールするには「見識力」が必要だということです。この見識力がない、またはあってもそれを出さない人は無視されるということを理解していただきたいと思います。コミュニケーションを考える前に、その課題としてこのような、日本ではあまり考えないようなことが大事であることを知っていただきたいと思いますし、ビジネスの場で、必ず実践していただきたいと思います。

3 「日本を知る力」をつける

日本を知ることも大切です。本書を読んでいる人が、もし留学生や外国人の方であれば、それぞれの自分の国のことを知る、それに加えて日本のことを知る力ということになります。日本にいると日本のことはあまり聞かれませんし、みんなが知っていることなので、それをあえて説明する必要はありません。しかし、日本の外に出ると、海外の人は日本のことについて知りたがり、どんどん質問してきます。簡単そうで意外と答えられなくて悔しい思いをする人も多いのです。こういう質問に答えられなければ、親しくなれるチャンスをつくれないままで終わります。これができるようになることを「日本を知る力」と言っています。日本のことと言っても単に普通のことばかりではなくて、できれば「自分の考えをしっかり入れた日本のこと」を話すことができればよりすばらしいと思います。「日本人が知らない日本の良さを外国人が知っていることが多い」ことはよく知られています。

実際、私は福岡に18年間住んでおり、今まで友人、仕事の仲間、海外からのお客さんなど、数多くの方々が福岡を訪れた際に、福岡、九州を案内し、説明してきました。もちろん、福岡住まいや、九州出身の周りの地元の方々と一緒に案内したり食事をしたりと、いろいろなシチュエーションがあります。そこで思うのは、みんな意外と自分たちの故郷や地元について知らないのだということでした。私が説明すると、「姜さん、よく知っていますね！」と感心されたことが何度もあります。しかし、なぜこれを知らないのかなと、逆に驚きを隠せなかったことが何度もあります。

アニメや漫画のような特殊な日本の最新文化、日本が自慢できる製品など、外国人がすでに見つけているCool Japan（最近、日本政府が働きかけている優れた日本の無形文化、製品などのこと）はたくさんあります。それらのすばらしい職人芸と言われる世界から、自然環境、食べ物に至るまで、外国人の方々に紹介できること、紹介すべきものは多くあると思います。すべてを知ることはできないとしても、地元の文化、自然環境、食べ物や特産品の由来など、少しでも知識をもって説明できるようになると、海外に出かけて人に会ったときでも、海外からお客さんに来てもらったときでも、よりよい関係をつくることができるのではないかと思います。

4 「世界を知る力」をつける

世界を知る、理解する力も大切です。これは世界のスタンダードにいち早く出会い、すぐ自分に取り込むことができる力、また、それを基盤にして異文化の人々と容易に付き合うことができる力です。これは本当に重要であると考えます。

日本国内では、日本の独特なスタンダードをしっかりもっていないと住むことが難しくなります。考え方から生活まで、こういうときにはこうしたほうがよい、という不文律が日本には数多くあるようです。よく言われる「それは普通でしょう!!」ということです。例を挙げると、「偉い人の前では発言は控えろ」、「専門で選ぶより、知名度の高い大学に入ることが何より」、「就職は大企業に限る」、「転職はよくない」「女性は控えめにしろ」などなど不文律のようなものがまだ多くあります。しかし、これらは日本の外に出るとまったく違うルールになることが多くあります。これはあくまでも文化と歴史の違いによるもので、容易に変わるとは思えません。いくつかの例はすでに述べてきたので繰り返すことはしませんが、日本の内と外では何がどう違うかを知っておくことも「世界を知る力」です。

世界のスタンダードを知ることの利点は、日本の何が変なことなのか、何が優れていることなのかを、きちんと識別できることです。すぐには変わらないにしても、少なくともこれは将来変わるべきことなのか、そのまま持続したほうがよいことなのかを判断できるようになります。私個人はこれから日本はもっと変わらなければならないと考えていますが、何を変えればよいのかについての指針をしっかりもつことは、コミュニケーションの前に必要なことです。

このような力をつけて異文化の人たちと親しく付き合うことができること、つまり「異文化を理解し、日本の文化と融合する能力」が、グローバルな世界でのコミュニケーションの基本だと思います。異文化の人と付き合うときには、先方の言うことにすっかり同意する必要はありません。国が違えば、文化が違えば、考え方も大きく違うのが当たり前です。その違いを必ずしも好きになる必要はありません。違いは違いとして認識して、その違いをお互いに尊敬し、理解し合うまで話すことができればそれで十分なのです。そうすることで初めてお互いが本当に理解しあえるはずです。そのうえで個人的に好きな相手と付き合うことは当然のことだと私は思っています。簡単そうに述べていますが、私も多くの方々と海外に出かけて仕事をしていますが、これが上手くできない方、そうしたい気持ちはあるけど抵抗する力が強い方を、たくさん見てきました。決して簡単でないことはよくわかります。しかし、海外で、一つの国に特化しないで、まさにグローバルに仕事をされたいあなたには、この能力は非常に大事であると確信しています。

5 T型人間になる

さらに、T型人間になることです。この本の冒頭で述べていますが、再度話したいと思います。アメリカではここ数年、言われ続けてきたことですが、日本ではまだ広く理解されていないようです。

例えば、理系の学生が自分の専門、得意な分野の知識を深く詰め込んで社会に出るとき、これを「I型人間」と言います。今でも日本社会では、ほとんどの理系の学生はI型人間をつくることに専念しています。文系の学科にもそのまま適用できます。もちろん松尾さんも私もその世界で鍛えられてきました。松尾さんの場合、専門である「ポリマーサイエンスの世界を深く学んで、それを武器にして社会に出ろ」との、当時の教授の基本姿勢に従い、勉強したそうです。当時は、欧米に追いつけ追い越せの時代ですから、何をやるべきかがはっきりわかっていたと思います。目標も方法もよくわかっていました。目標に向かってがむしゃらに働けば、それなりに成果が上がりました。

しかし、今の時代は違います。日本はすでに欧米に追いついてしまったのです。現在は世界3位ですが、世界2位のＧＤＰ（国内総生産）の座に長く君臨していました。地球上には200を超える国と地域がある中、世界3位の経済規模、技術力をもっているのはすごいことです。もう追いかけるポジションではなく、世界をリードする立場で、次にどこに行けばよいのかは誰も教えてくれません。自分で考えなければならないのです。既存の技術をいち早く習得し、大量生産の体制をつくり上げ、世界に製品をどんどん輸出していく時代ではなくなりました。もっと、斬新なテクノロジー、アイディアで勝負していく立場にいるのです。もうI型人間ではどうにもならなくなったことを早く理解する必要があります。

工学部の学生を例にとって考えてみましょう。工学の専門としては、化学、機械、土木、航空、地球環境など多くの分野がありますが、現在ではそれらが重なり合い、影響し合って、それらの境界線があまりはっきりしなくなっています。要するに専門同士の横のつながり、分野横断型の人材が必要となってきたのです。化学の世界が機械にも航空にも土木にもあらゆる分野にも広がっており、単に化学を学んだだけの人間では、化学の分野でさえ、用途や将来を見通すことが相当難しくなっています。このような時代では、単に自分の専門分野で専門家になっただけではあまり使える人間にはなりません。これはもちろん工学部に限った話ではありません。農学部、理学部など、理系出身の若い方々は、経済、芸術や文学の分野にも関心をもって知識も積み重ねていかなくては、本当の意味ですばらしい仕事ができないと言えます。コミュニケーションをグローバルなスケールで考えると、このようなT型人間でなければ優れたコミュニケーションを交わすことができないということなのです。

6 語学力を高める

最後は、英語を自由に使うことができるレベルまで、語学力を高めることです。私自身も英語を母国語とする人間ではありません。韓国出身で、長い間、日本で勉強し仕事をしてきましたので、完璧な英語はもちろんできません。それでも日々、英語力を鍛えようと頑張っています。大事なことは、英語そのものができれば、グローバル社会でコミュニケーションが自由にできるかというと、そうでもないということです。これまで重要なポイントを4つ考えてきてよくおわかりいただけたと思いますが、英語のレベルが高くなっただけでは海外での仕事に耐えうる十分なコミュニケーションはとれません。何を話題にコミュニケーションするか、会話において内容があるかどうかが、優れたコミュニケーションのためには極めて重要なのです。それが相手によい印象を与え、また話し合うことにつながり、情報や意見の交換を可能にするのです。

6 語学力を高める

最近は、小学校での英語活動の奨励や文部科学省が実践で使える英語教育の必要性を強調し、日本国中、使える英語、要するにコミュニケーションに必要な英語を教育しようとしています。しかし、数年前までは、中学生から大学生までの間学んでいるわりには、英語を話して英語を聞き取ることができる人は少なかったと思います。それは英語が大学入試に使われることが大きな原因ではないでしょうか。英語が大学入試に使われるためには採点が必要となり、リスニングやスピーキングでは点数がつけにくいですし、もともとそれを評価できる英語の先生や専門家が少ないことも考えられます。それで、ライティングや読解力で点数を競い合う英語になったのです。しかも日本では、英語を話す、英語に触れあうチャンスが極端に少ないことも大きな原因であると考えられます。他の国、例えば、中東や南米の国々で英語を勉強している学生達の特徴は、リスニングやスピーキングのレベルはかなり高いのですが、文章の読み書きと文法になると、びっくりするほど低いレベルにあると感じます。もちろん、平均的にそう感じたという、抽象的な話です。日本の学生はその真逆なのです。英語の文章もよく書けて、読み解けるのに、「話せ！」と言われると固まってしまうのです。最近、アジア諸国での英語のレベルを調べた統計が発表されましたが、日本は37か国の中で33番目に位置していました。何としても、このような英語教育の問題を早く解決できるよう、みんなが知恵を出し合って努力する必要があると思います。
といっても、すぐに英語の教育環境が変わるわけではないと思いますし、すでに大学までの教育を受けた方々にとっては、自主努力しか、上達の道はないかと思います。英語もフランス語も中国語も、外国語は同じです。こつこつ努力を重ねていくことしかありません。近道なんてないのです。しかし、毎日、少しでも英語を聞き、英語で考え、話す時間をもつ、つまり英語に触れる時間を増やしていけば、上達していくと思います。そして、何より大事なのは、目標設定です。TOEIC、TOEFLの点数を何点まで取りたいというのもいいかもしれません。試験勉強のように思えたとしても、確実に英語を意識し、触れ合う時間を増やしていくことを優先させるべきです。ネイティブスピーカーのような英語を駆使できる人間になっていただきたいとは思っていません。しかし、海外に仕事で出かけた際、あるレベル以上のコミュニケーションがとれるか否かで、その後の展開がまったく異なってくるのです。

グローバル社会においては、コミュニケーションを議論する前にクリアしておきたい要素がいくつもあります。この章で述べたことは、海外でのビジネスにおいて、成功できるコミュニケーションをとるために大事なことと考えます。これらの項目をしっかりと身につけておいて、英語のレベルがある程度まで高くなれば、必ずグローバル社会で通用する高いレベルのビジネスコミュニケーション、すなわち、異文化の人、人種の違う人とも理解し合えて、自分の行動範囲を広げ、世界で勝負できる人間、世界中に友人や知人をつくれる人間になれると思います。

あとがき

みなさん、本書をお読みになっていかがでしたか？

私と、共著者の松尾正弘さんは、議論に議論を重ねて本書を完成しましたが、社会進出を控えている若い学生さんや仕事を始めたばかりの方々に、組織という例を挙げながら、多くの事例を紹介しました。

世間には、ビジネス本や啓蒙関係の本がたくさん出版されていますし、サラリーマン、自営業や経営者の方など、仕事をされている方々にもってもらいたい多くのビジネス・スキルがあると言われています。私の今までの短い経験からしても、確かにそのとおりと思うようなスキルは、山ほどあります。例えば、語学力、問題解決力、交渉力、理解力などなど、数えきれないスキルがありますし、身につけておけば必ず役に立つでしょう。しかし、現実的に考えてみましょう。社会で求められるすべてのスキルを身につけることができれば、完璧な人間になり、絶対的な力をもってやりたいことができるかもしれません。しかし、そのすべての能力を備えた人間は、人類史上、今まで一人もいなかったと思います。むしろ、何か足りないところ、足りないスキルがあることに気づいているからこそ、もっと頑張ろうとして日々成長していくのだと思います。

本書の中でも述べましたが、今の社会では、T型人間、あるいはΠ型人間が好まれる傾向が強いと言えます。それはなぜか。深い専門性と幅広い知識をもち合わせていても、ビジネス・スキルにおいて足りないところは必ずあります。その穴埋めをしてくれるのが、コミュニケーション能力なのです。一人で多くの才能をもって仕事を回していくよりも、チームワークでメンバーのそれぞれの力、特技を合わせていくほうが、効率よく、完成度の高い仕事になるからです。これらのことを可能にしてくれる人間は、ほとんどがT型人間だったり、Π型人間だったりします。私は、このコミュニケーション能力をもっている人はその他の能力が多少不足していても、組織の中でうまく調整し、役割分担をきちんと決めて、仕事のゴールに向けてリーダーとして働けると思います。人の話をしっかり聞き、その内容を理解し、適切なアドバイスを出し、うまく調整し、加えて上手に組織の中に伝えていく、この総合的な能力こそ、組織の中で輝ける人材のビジネスコミュニケーション能力であると確信しています。

読者のみなさんにはビジネスコミュニケーション能力を発揮して、仕事、研究や新しい世界で頑張っていただきたいと思います。そして、世界中に友人をつくって、豊かな人生を送られることを願っています。

姜　益俊

著者紹介

姜　益俊（かん・いつじゅん）

韓国生まれ。1995年、国立忠南大学自然科学部を卒業。1997年、九州大学大学院生物資源環境科学研究科に留学。環境汚染物質の内分泌かく乱作用（環境ホルモン）の影響を調べる研究を行った。2003年、農学博士の学位を取得し、株式会社正興電機製作所に入社。研究開発や海外の技術営業などを経験した後、2007年、産学共同研究を目的とした九州大学大学院農学研究院寄付講座・客員准教授に就任。2010年より九州大学大学院農学研究院准教授。学生のグローバル化、大学の国際化に取り組み、多数の世界展開の教育プログラムを企画・実施している。2014年からは、福岡とアジアの主要都市とのネットワーク強化や福岡の国際化を目指す教育プログラムを発案、展開している。研究者としてはメダカなどの水生生物を用いた環境汚染の評価に関する研究および上水の常時水質監視の装置開発に関する研究に取り組んでいる。

松尾正弘（まつお・まさひろ）

満州生まれ。1957年、九州大学法学部を卒業。株式会社三省堂の営業部に14年間勤務した後、ジョンソン株式会社に転職。60歳で退職するまでの約3年間は常務取締役を務めた。日本ドレークビーム・ジャパン株式会社副社長、ボシュロム・ジャパン人事総務本部長、株式会社ドコモAOL社長付、ワーナーミュージック・ジャパン取締役人事本部長、株式会社中央コンタクト専務取締役などを歴任。60歳以降もヘッドハンティングにより国内企業のみならず外資系企業数社で企業再建の業務を行った。各社で給与制度や業績評価制度の改革を通じて社員のモラールを高めるとともに、社員、管理職や役員など優秀な人材の採用を通じて会社の発展に尽力した。退職後の現在は人事・就職コンサルタントとして活躍中。2008年より九州大学のビジネス講義における講師として、母校の学生にビジネスコミュニケーションの極意を伝授し、豊富な経験と軽妙な語り口で絶大な人気を博している。

社会人《しゃかいじん》になる前《まえ》に読《よ》んでおきたい！　ビジネスコミュニケーション

2015年4月30日　初版発行

著　者　姜　益俊・松尾正弘

発行者　五十川　直行

発行所　一般財団法人 九州大学出版会

〒814-0001 福岡市早良区百道浜3-8-34

九州大学産学官連携イノベーションプラザ305

電話　092-833-9150

URL　http://kup.or.jp/

編集・制作／本郷尚子

印刷・製本／シナノ書籍印刷㈱

ISBN978-4-7985-0157-4